Jutta Schütz wurde in Lebach (Saarland) geboren.
Mit ihrem ersten Bestseller "Plötzlich Diabetes" (2008)
gilt die Autorin bei Kritikern als Querdenkerin. 2010
startete sie mit ihren Gesundheitsbüchern ihr Pilotpro-
jekt in Bruchsal und später bei der VHS in Wolfsburg.
Schütz schreibt Bücher, die anspornen, motivieren
und spezielles Insiderwissen liefern. Sie hat bis heute
über 80 Bücher geschrieben und an vielen anderen
Büchern mitgewirkt. Zudem hilft sie als Mentorin und
Coach vielen Neuautoren bei
der Veröffentlichung ihrer Bücher.
Als Journalistin schreibt sie für viele Verlage und Zei-
tungen. Ihre Themen sind: Gesundheit, Psychologie,
Kunst, Literatur, Musik, Film, Bühne, Entertainment.
Weitere Informationen zur Autorin und ihren Büchern findet man in den Verlagen, auf ihrer Webseite
sowie im Kultur-Netzwerk.
Mehr Infos finden Sie auf der Webseite:
www.jutta-schuetz-autorin.de
www.die-gruppe-48.net/Funktionstraeger

INHALTSVERZEICHNIS

108 R E Z E P T E

© 2018 Autor: Jutta Schütz
© 2018 Buchsatz, Layout, Buchgestaltung
© 2018 Buchidee: Jutta Schütz
www.jutta-schuetz-autorin.de

© 2018 Herstellung und Verlag:
BoD – Books on Demand, Norderstedt

ISBN: 9783752849141

Das Werk, einschließlich seiner Teile, ist urheberrechtlich geschützt. Jede Verwertung ist ohne Zustimmung des Verlages und des Autors unzulässig. Dies gilt insbesondere für die elektronische oder sonstige Vervielfältigung, Übersetzung, Verbreitung und öffentliche Zugänglichmachung.

Bibliografische Information der Deutschen Nationalbibliothek:
Die Deutsche Nationalbibliothek verzeichnet diese Publikation in der Deutschen Nationalbibliografie; detaillierte bibliografische Daten sind im Internet über http://dnb.d-nb.de abrufbar.

Die im Buch veröffentlichten Ratschläge wurden von mir sorgfältig geprüft. Eine Garantie kann ich dennoch nicht übernehmen. Ebenso ist die Haftung von mir bzw. des Verlages für Personen-, Sach- und Vermögensschäden ausgeschlossen. Alle Markennamen, Warenzeichen und sonstigen eingetragenen Trademarks sind Eigentum ihrer rechtmäßigen Eigentümer und dienen hier nur der Beschreibung.

MIX
Papier aus verantwortungsvollen Quellen
Paper from responsible sources
FSC
www.fsc.org
FSC® C105338

Jutta Schütz

Die sanfte Umstellung auf LOW CARB

Für Einsteiger - Theorie und Praxis
108 Rezepte

Einleitung

Bei der Low Carb Ernährung (LC) handelt es sich um eine langfristige, gesunde und bewusste Ernährungsumstellung und es kommt auch nicht zu dem berüchtigten Jo-Jo-Effekt oder Heißhunger.
Kurz erklärt: Low Carb heißt "Wir essen weniger Kohlenhydrate".

Es ist schon eine Lebensumstellung kohlehydratarm zu essen, besonders im Kreise der Familie und bei Freunden werden die Essgewohnheiten anfangs kritisiert und in Frage gestellt. Die kohlenhydratarme Ernährungsform „Low Carb" ist ein großer Schritt in Richtung eines wesentlich gesünderen Lebens und ein Weg aus dem größten Ernährungsdilemma unserer Zeit, denn letztendlich kommt es darauf an, was aus der Nahrung herausgeholt wird, und das kann ganz unterschiedlich sein. Eine gesunde Ernährung heißt vor allem möglichst natürliche und abwechslungsreiche Kost und wer auf die Kohlenhydrate in der Ernährung achtet, braucht keine Diät.
Bewusstes Essen gepaart mit Bewegung hält fit und macht Spaß. Das allgemeine physische, physiologische und auch sozial-psychologische Wohlbefinden des Menschen liegt in der direkten Verbindung mit der Qualität der aufgenommenen Nahrung.
Unsere Gesundheit ist das Wichtigste in unserem Leben.
Ihr Stellenwert wird oft erst bei Krankheit oder mit zunehmendem Alter erkannt.
Jeder kann frei entscheiden, wie er sich ernährt und hat damit großen Einfluss auf seine Gesundheit. Unser Immunsystem schützt uns vor Krankheitserregern wie Bakterien oder Viren und solange unsere körpereigene Abwehr funktioniert, stellt sie eine wirkungsvolle Barriere für Krankheitserreger dar. Ist unser Immunsystem jedoch geschwächt, haben Krankheiten ein leichtes Spiel.

Was sind Kohlenhydrate?

Ein Chemiker würde diese Kohlenhydrate „Zucker" nennen.
Und Zucker ist Glukose.

Kohlenhydrate sind enthalten in:
Zucker, Mehl, Kartoffeln, Reis, Mais (Brot, Nudeln etc.).
Hülsenfrüchte: Die Kohlenhydrate liegen im mittleren Bereich.
In Obst je nach Süße und Gemüse (kein Mais) zum Teil gute Kohlenhydrate.
Nüsse, Milchprodukte, Käse, Eier haben wenige Kohlenhydrate.
Fleisch, Fisch, Fett und Öle haben keine Kohlenhydrate.

Beispiele: Pro 100 g

Zucker 100	Fruchtzucker 100
Cornflakes 85	Haferflocken 85
Knäckebrot 75	Zwieback 75
Brötchen 50	Vollkornbrot 50
Weizenstärkemehl 85	Reisstärkemehl 85
Kartoffelmehl 75	Kartoffeln 25
Kartoffel-Püree 75	Kartoffel-Frites 35
Reis 25	Nudeln 25
Banane frisch 21,4	Himbeeren frisch 04,8
Mandarinen frisch 10,1	Rhabarber frisch 01,4
Apfel geschält 12,4	Blattspinat frisch 00,6
Blumenkohl gegart 01,6	Broccoli gegart 01,9
Erbsen grün gegart 12,6	Spargel 01,6
Zuckermais 15,7	

Dr. Wolfgang Lutz

Nach dem Arzt: Dr. Wolfgang Lutz soll der Mensch nur 6 Broteinheiten an Kohlenhydraten pro Tag zu sich nehmen.
1BE entspricht ca. einer halben Semmel.
6 BE entsprechen dem täglichen Zuckerverbrauch des Gehirns.
In einem anderen Buch von Dr. Lutz erklärt der Arzt das genauer:
Pro 1 kg Körpergewicht (pro Tag) 0,8 g Kohlenhydrate!
Das wären bei einem 70 kg schweren Menschen ca. 50 – 70 g Kohlenhydrate pro Tag.

Der Glykämische Index

Der Glykämische Index wird zur Bestimmung eines kohlenhydrathaltigen Lebensmittels verwendet, das den Blutzuckerspiegel ansteigen lässt.
Je mehr Kohlenhydrate gegessen werden, desto schneller steigt der Blutzuckerspiegel.

Das heißt:
Kohlenhydrathaltige Lebensmittel haben einen hohen glykämischen Index, Lebensmittel mit geringfügigen Kohlenhydraten (z. B. wie Gemüse) einen niedrigen glykämischen Index.

GI größer als	70 =	schlecht
GI zwischen	50 und 70 =	mittel
GI kleiner als	50 =	gut

Ein hoher GI führt zu einem hohen Anstieg des Blutzuckerspiegels, was dann zu einer hohen Ausschüttung von Insulin führt. Dadurch gibt es eine Steigerung der Aufnahme von Glukose in Muskel- und Fettzellen. Es kommt zu einer Fettspeicherung.

Nach 2 – 4 Stunden kommt es zu einer Unterversorgung mit Energieträgern im Blut, was wir eine Unterzuckerung nennen. Es kommt zu einem Teufelskreis, denn wir haben wieder Hunger. Wir haben Appetit auf kohlenhydratreiche Lebensmittel.

Der starke Abfall des Blutzuckerspiegels bei Lebensmitteln mit hohem GI kann zu Veränderungen im Verdauungsprozess führen sowie zu einem vermehrten Hungergefühl.

Bei übergewichtigen Menschen funktioniert der Kohlenhydratstoffwechsel viel langsamer, aber man kann die Ernährung gut darauf einstellen.

Glukagon heißt das Hormon, das schlank macht

Es öffnet wichtige Enzyme, die die Fettzellen aktivieren.

Wenn zu viel Insulin im Blut ist, kann das Glukagon nicht wirken. Und ohne das Glukagon kann das Fett in den Zellen nicht abgebaut werden.

Der GI hängt von vielen Faktoren ab.

Wie die Lebensmittel verarbeitet oder zubereitet werden, spielt eine große Rolle. So hat der Kartoffelbrei einen wesentlich höheren GI als Salzkartoffeln.

Erkrankungen und körperliche Konstitution haben auch einen erheblichen Einfluss auf den individuellen GI eines Menschen.

Wenn man kurz nach dem Essen einen starken Hunger nach Süßigkeiten verspürt, kann es sein, dass die Bauchspeicheldrüse während des Essens zu viel Insulin produziert hat.

Was jeder Diabetiker wissen sollte

Das blutzuckersenkende Hormon Insulin ist entscheidend am Wachstum der Fettdepots beteiligt. Wenn wir viele Kohlenhydrate essen, wird auch viel Insulin ausgeschüttet, das den Blutzuckerspiegel wieder senkt. Es hemmt aber auch gleichzeitig die Fettverbrennung in der Muskulatur. Dies wiederum fördert die Fetteinlagerung im Fettgewebe.
Insulin ist ein Masthormon.
Essen wir also zu viele Kohlenhydrate, verbrennt unser Körper weniger Fett. Dadurch sinkt unser gutes HDL-Cholesterin und die Triglyzerid-Werte erhöhen sich. Das schlechte LDL-Cholesterin wird aggressiv (atherogen).
Es entsteht nicht selten eine Diabetes mellitus Typ 2, Herzinfarkt oder Schwangerschaftsdiabetes.
Unsere Schweine werden mit Getreide gemästet, nicht mit Fett.

Auf den Lebensmittel-Etiketten gibt es auch andere Bezeichnungen für Zucker:
Lävulose, Fructose, Farin, Glucosesirup, Saccharose, Glucose, Dextrose, Maltrodextrose, Invertzucker, Maltrose, Lactose.
Auch der Milchzucker, Fruchtzucker, brauner Zucker, Rohzucker oder Traubenzucker sind keine guten Zuckerarten.
Der Zucker bewirkt das Gleiche im Körper wie Stärke.
Heißt es zum Beispiel: Lebensmittel ohne Zucker, dann wurde nur kein Haushaltszucker verwendet.
Und dieser heißt: Saccharose.
Viele Menschen haben eine Übersäuerung des Gewebes durch zu viele Kohlenhydrate.
Glukose besteht aus einer ringförmigen Verbindung, aus sechs Kohlenstoff Atomen und jedes dieser sechs Atome hat vier chemische Bindungen.

Warum sind zu viele Kohlenhydrate für den Menschen schädlich?

1864 schrieb der Ernährungswissenschaftler William Banting sein erstes Buch über Low Carb Diät: Letter on Corpulence (Brief an die Fettleibigkeit).
Diese Diät wurde auch in Deutschland schon Ende des 19. Jahrhunderts unter dem Namen „Banting-Kur" populär.
In dem Konversationslexikon „Mayer" wurde sie als Heilung von Wohlbeleibtheit und Fettsucht bezeichnet und ist der Vorläufer der Atkins-Diät.
Wissenschaftlich war diese Atkins-Diät bis vor ein paar Jahren wenig akzeptiert (wegen Cholesterinstoffwechsel). Darüber gibt es aber heute neue Studien:
Weitere Quelle: Dr. med. Walter Hartenbach: Die Cholesterinlüge - Das Märchen vom bösen Cholesterin (München 2002)

1996 führte die DCCV (Deutsche Morbus Crohn/ *Colitis ulcerosa* Vereinigung) unter der Leitung von Prof. H. Lorenz-Meyer und Prof. P. Bauer mit der Lutz-Diät eine Studie durch:
Wolfgang Lutz veröffentlichte Statistiken über die Entwicklung von Blutwerten, die belegen, dass sich kritische Werte unter seiner fettreichen Diät nicht verschlechterten. Die Cholesterin- und Harnsäure-Werte verbesserten sich bei dieser Diät (Low Carb)!

1892 schrieb ein britischer Arzt: Dr. E. Densmore in seinem Buch: Wie die Natur heilt: Getreidenahrung führe zum frühen Tod!
Wer große Mengen dieser gefährlichen Nahrung zu sich nimmt, sammelt die größte Menge erdiger Grundstoffe an und schädigt seinen Organismus fortwährend.
Diese Ablagerungen, die man sichtbar im Teekessel sehen kann, lagern sich im ganzen Körper ab. Sie verkleistern das Blut. Sie verstopfen die Filtriersysteme und führen zu allen möglichen Krankheiten.

Computertomographien von ägyptischen Mumien zeigen bei Getreideliebhabern große Schäden am Skelett.

1920 behandelte ein amerikanischer Arzt Dr. Russel M. Wilder an der Mayo Clinic in Rochester (New York) Epilepsie kranke Kinder.
Er entwickelte für seine kleinen Patienten eine extrem fettreiche und kohlenhydratarme Diät.
Solch eine Ernährung setzt den Fastenstoffwechsel in Gang.
Also – Fette und Proteine statt Kohlenhydrate.
Seine ketogene Kost war sehr erfolgreich!
Diese ketogene Diät wird schon seit der Antike zur Behandlung von Epilepsie eingesetzt.
1925 veröffentlichte er im Journal of the American Medical Association seine Studie.
M. G. Peterman von der Mayo Clinic berichtet:
Von 37 behandelten Kindern wirkte diese Therapie nur auf 2 Kinder nicht! 13 Kinder hatten nur noch zur Hälfte Anfälle.
Bei 22 Kindern verringerten sich die Anfälle um 90 Prozent.
1940 wurden von der Pharma-Industrie neue Medikamente gegen Epilepsie entdeckt und diese Ernährungsform geriet in Vergessenheit.
Erst seit ca. 17 Jahren wird diese ketogene Kost als Therapie wieder eingesetzt, denn ein Drittel der Patienten sprechen auf die Medikamente nicht ausreichend an.
Verantwortlich, dass die ketogene Kost wieder in Erinnerung trat, ist ein amerikanischer Filmproduzent. Sein kleiner Sohn wurde durch die ketogene Diät von seinen Anfällen befreit! Medikamente haben ihm nicht geholfen.
Er gründete die Stiftung: Charlie Foundation, die entsprechende Forschungen unterstützt und machte die Heilung seines Sohnes mit Filmen publik. Heute wird diese ketogene Kost bereits in über 45 Ländern eingesetzt. In der Schweiz (Zürich) auch in einem Kinderspital.

2001 hat es eine Studie von Forschern des Johns Hopkins Hospitals in Baltimore mit Kindern gegeben, die sehr erfolgreich war! Nach einer einjährigen Diätphase war bei 49 Prozent der behandelten Kinder die Häufigkeit epileptischer Anfälle um mehr als 90 Prozent verringert.

2005 im September – wurde bei einer Konferenz gesagt, dass es bis heute keine Medikamenten-Studie gäbe, die ähnlich gute Ergebnisse zeigte.

Der Grund für die positive Wirkung von kohlenhydratarmer Kost könnten die so genannten Keton-Körper sein, die die Leber während der Ketose als Energieträger bildet.

Zum Beispiel drosselt die Ketose bei Epilepsie die Hyperaktivität der Gehirnzellen.

1950 – 1960 entwickelte ein österreichischer Arzt Wolfgang Lutz eine Low Carb Diät die der Atkins-Diät gleicht.

Dieser Arzt studierte in Wien und Insbruck Medizin und habilitierte 1943 an der Wiener Universität. Nach dem 2. Weltkrieg arbeitete er lange als Internist in Salzburg.

Sein Buch: Leben ohne Brot – wurde 1967 veröffentlicht.

Er erhielt für sein Werk eine Auszeichnung der Royal-Society-of Medicine sowie im Jahr 2007 den Freedom of the City of London Award und ist Ehrenprofessor der Metropolitan University of Dublin (Irland).

Bei Lutz stand nicht die Gewichtsabnahme im Vordergrund, es ging ihm um die allgemeinen gesundheitlichen Auswirkungen und um die Vorgänge im Körper sowie die Behandlung chronischer Erkrankungen.

Nach seiner Meinung werden die meisten chronischen Erkrankungen durch Hormonstörungen ausgelöst. Verursacht durch zu hohe Insulinausschüttungen.

2004 schrieb Dr. Ehrensperger *(seine Schwerpunkte sind: Metaphysik, Erkenntnistheorie, Rationalismus, Transzendentalphilosophie)*:
Wenn die Leber nicht durch Brot und Getreidespeisen überlastet wäre, könnte sie mit dem Fleisch besser klar kommen.
Wegen diesen vielen Kohlenhydraten sind viele Menschen total übersäuert und nicht wegen des Fleischkonsums.

2005 orientiert sich die deutsche Reha-Klinik „Überruh" in Isny an der Logi-Pyramide.
Bei 45 an der Studie teilnehmenden Diabetikern sank innerhalb von drei Wochen das Gewicht um 2,9 Kilogramm.
Der Nüchtern-Blutzuckerspiegel im Mittelwert um 20 Prozent und der HbA1C um 4 Prozent.
Ebenso verbesserten sich die Blutfettwerte und die Medikamente (orale Antidiabetika, Insulin) konnten bei mehr als der Hälfte der Patienten vollständig abgesetzt werden.
Das sind doch für Diabetiker tolle Ergebnisse, die Mut machen!
Den ausführlichen Bericht kann man lesen:
Ernährungstherapie bei Diabetes mellitus Typ 2 mit kohlenhydratreduzierter Kost (Logi-Methode), Peter Heilmeyer, S. Kohlenberg, A. Dorn, S. Faulhammer, R. Kliebhan.

2007 gab es Studien an der Universitätsklinik in Tübingen an Patienten, die an schwer therapiebaren Hirntumoren litten.
Auch an der Universitätsklinik in Würzburg gab es Studien mit Patienten mit verschiedenen Krebsarten in einem weit fortgeschrittenen Stadium.
Die Patienten galten als austherapiert!
Bei einem Teil der Patienten verlangsamte sich das Tumorwachstum, der Allgemeinzustand verbesserte sich beachtlich bei einer kohlenhydratreduzierten Kost.

Zum Beispiel fand Thomas Seyfried vom Boston College in Chestnut Hill heraus, dass bei Mäusen mit Gehirntumoren mit ketogenem Futter, die Tumore langsamer wuchsen.

Frau Budwig dokumentiert in ihrem Buch: Krebs, das Problem und die Lösung, dass ihre neuen Erkenntnisse seit Jahrzehnten Professoren der Deutschen Krebshilfe und auch Politikern bekannt sind.
ABER: Auch wenn dies bekannt ist, bedeutet dies noch lange nicht, dass diese Erkenntnis auch umgesetzt wird.
Die Konsequenzen tragen immer noch die nicht informierten Patienten. Die Schulmedizin interessiert sich leider erst seit kurzem für diese Ernährungsform.

Seit ein paar Jahren diskutiert jetzt die Fachwelt, ob sich die ketogene Diät auch bei Erkrankungen wie Alzheimer oder Parkinson positiv auswirken könnte.
Bei Alzheimer-Patienten ist die Verwertung von Glukose im Gehirn verringert.
Bei Parkinson-Patienten spielt das Entstehen eines Defekts in den Mitochondrien eine Rolle.
Bei Versuchen an Mäusen stellten die Wissenschaftler fest, dass tatsächlich bei Alzheimer-Mäusen die Ablagerung des so genannten Amyloid-Beta-Proteins im Gehirn durch die ketogene Diät um 25 Prozent verringert wurde.
Die Parkinson-Mäuse waren in einer einwöchigen Keton-Körper-Infusion teilweise vor den typischen Nervenschäden und Bewegungsstörungen geschützt.

Es gibt heute vereinzelte Studien mit Alzheimer- oder Parkin-son-Patienten, die mit dieser Diät-Form positive Wirkungen zeigten.

Ein Wissenschaftlerteam bewies an der Universität Jena und Potsdam sowie dem Deutschen Institut für Ernährungsfor-schung, dass der Tumor aufhört zu wachsen, wenn die Krebs-zellen von Gärung wieder zur normalen Nutzbarkeit überge-hen. Diese Studie wurde 2006 im Fachmagazin Human Molecular Genetics veröffentlicht.

Der Wissenschaftler und Tumorbiologe Dr. Johannes F. Coy aus Habitzheim fand heraus, dass Metastasen bildende Krebs-formen ihre Energie nicht aus der Verbrennung von Zucker zu Kohlendioxyd und Wasser gewinnen, sondern aus der Ver-gärung von Glukose zu Milchsäure.
Er erklärt auch, warum Krebs am Herzen extrem selten ist.
Der Herzmuskel gewinnt immer seine Energie aus der Fett-verbrennung, selbst wenn Glukose als Treibstoff ausreichend vorliegt. Selbst wenn sich ein Herztumor bildet, ist dieser fast immer gutartig.

1995 wurden von Coy folgende Ergebnisse nachgewiesen:
Je mehr Zucker und Kohlenhydrate dem Körper als Energie-träger zur Verfügung stehen, desto aktiver wird dieses Enzym bei Krebs.
-Krebsforschungszentrum Heidelberg-

Die Forscher sehen jetzt eine Möglichkeit, über die kohlen-hydratarme Ernährungsform den Krebszellen ihre Energie und Lebensgrundlage zu entziehen und sie so zum Absterben zu bringen. Diese Tumorzellen sind auf Zucker (Glucose) als Treibstoff angewiesen.

Der Wiener Internist Dr. Ewald Riegler sagt:
Menschen bekommen Migräne-Anfälle, weil ihre Gefäßmuskulatur unterernährt ist.
Dies würde passieren, wenn der Körper zu schnell die Kohlenhydrate aufnimmt.
Die Bauchspeicheldrüse muss dann viel Insulin produzieren, um den Zucker den Zellen zuzuführen.
Dr. Riegler hat das folgendermaßen beschrieben:
Durch die Zellen-Tür passen pro Minute nur 10 Insulin-Zucker-Teilchen, aber 10.000 Insulin-Zucker-Teilchen wollen gleichzeitig rein.
Sie zertreten sich gegenseitig.
Die Folge ist dann, dass die Zelle gar nichts bekommt und krampft.
Rieger empfiehlt Migräne-Patienten zunächst Fleisch, Fisch und Rohkost zu essen. Außerdem sollen die Betroffenen solange Äpfel essen, bis die Attacke vorbei ist.

Die renommierte Nurse´s Health Studie aus den USA haben gezeigt, dass ein hoher Fettkonsum das Risiko für Herzkreislauf-Krankheiten **nicht** erhöht.
Sie sagt aus, dass der Verzicht auf tierische Fette ein doppeltes Schlaganfall-Risiko mit sich bringt.
Nicht das Fett macht fett, sondern die vielen Kohlenhydrate sind schuld an vielen chronischen Erkrankungen und Übergewicht.

Unsicherheit bei den Menschen

Seit ewigen Zeiten gilt eine fettarme Ernährung als richtiger Weg zu Schlankheit und Gesundheit. Erst seit kurzem aber gewinnen die Anhänger einer kohlenhydratarmen Kost zusehends an Bedeutung. Diese Unsicherheit der Menschen nimmt stetig zu.

Die Ernährungswissenschaftler kommen mit der Interpretation der unterschiedlichen Studienergebnisse ins Schleudern. Nach den offiziellen Empfehlungen der deutschsprachigen Ernährungsgesellschaften gilt eine zu fettreiche Ernährung als Ursache des Übergewichts.

Das sei völlig falsch, behauptet:
Prof. Dr. Walter C. Willett (Medizin-Professor und Epidemiologe) von der Harvard School of Public Health in Boston. Er weist darauf hin, dass amerikanische Bürger im letzten Jahrzehnt ihren Fettkonsum um mehr als 10% auf etwa 35 g pro Tag reduziert hätten. Dennoch wuchs der Anteil der Dicken auf mittlerweile 60%.

Auch in den westeuropäischen Ländern leiden mehr Menschen an Übergewicht. In Österreich sind es ungefähr 41%. Nach Meinung des US-Wissenschaftlers sind die offiziellen Diätempfehlungen für die Übergewichtsepidemie verantwortlich.

Der Mediziner und Buchautor Erich Rauch kritisiert in seinem Buch „Die Kohlenhydrat-Falle" die propagierten Ernährungsempfehlungen.

In den USA gibt es schon Auswirkungen in Richtung Low-Carb. Während die Aktienkurse bei großen Eierproduzenten stark steigen, melden Bäcker starke Umsatzrückgänge. 40% der Amerikaner essen schon jetzt weniger Brot.

Etwa 800 verschiedene Produkte „Low-Carb" gibt es schon in den Supermarktregalen. Das Marktvolumen wird auf ca. 25 Milliarden Dollar geschätzt.

Es gibt 100 verschiedene Varianten von Ernährungs-Pyramiden und die Wissenschaftler diskutieren immer noch, welche denn jetzt richtig sei. Es stehen sich auch zwei Ernährungsempfehlungen gegenüber: Die traditionelle Ernährungsempfehlung mit einer kalorienreduzierten, fettarmen Ernährung und auf der anderen Seite die Low Carb Philosophie.

2004 brachten 2 Studien von Forschern (Duke University – Yancy et al. 2004) an 120 Personen (in 2 Gruppen eingeteilt) mit einem Bodymass-Index (BMI) von mindestens 30 folgende Ergebnisse:
Die Probanden mit einer kohlenhydratarmen Ernährung (täglich maximal 20 g KH) und unbegrenztem Eiweiß- und Fettkonsum, verloren (6-monatige Studienphase) mehr an Gewicht.
Die 2. Gruppe (Kalorienreduziert) nahm täglich nur bis zu 1000 Kalorien zu sich!
Die Low-Carb-Gruppe bekam zusätzlich Nahrungsergänzungen und essenzielle Fettsäuren.
Wichtig: Bei den Low-Carb-Probanden wurde ein stärker ausgeprägter Rückgang der Serum-Triglyzeride festgestellt sowie ein Anstieg des HDL-Cholesterins.
Das LDL-Cholesterin änderte sich in beiden Gruppen nur geringfügig

Die zweite Studie vom Philadelphia Veterans Affairs Medical Center (Stern et al. 2004) lieferte ähnliche Ergebnisse.
132 Personen (83% Diabetiker oder Metabolischem Syndrom) erhielten entweder eine Low-Carb-Diät oder eine kalorienreduzierte Kost mit maximal 30% Fettanteil.
Auch in dieser Studie verloren die Probanden unter kohlenhydratarmer Kost innerhalb der ersten sechs Monate mehr an Gewicht. Im folgenden halben Jahr glichen sich die Ergebnisse an und zum Ende der Studie konnten keine statistisch signifikanten Unterschiede beim Gewicht festgestellt werden.

Die Stoffwechselexpertin Prof. Susanne Klaus von der Universität Potsdam erklärt: Auch bei einer Null-Diät (sowie bei Low-Carb) werden Triglyzeride und Fettsäuren in energiereiche Keton-Körper übergeführt und bei einem Überangebot abgeatmet oder mit dem Urin ausgeschieden.

Verschiedene Formen von Low Carb

LCHF

Diese Buchstaben: LCHF stehen für: Low Carb – High Fat.
Das heißt: Wenig Kohlenhydrate, viel Fett. Es ist eine Ernährung bei der man die Einnahme von Kohlenhydraten beschränkt.

In den letzten Jahren ist in Schweden eine große Diskussion ausgebrochen und das höchste, schwedische Amt in Gesundheitsfragen (Socialstyrelsen) hat Anfang 2008 die Behandlung von Diabetes Typ Zwei und Übergewicht mit Hilfe der LC-Ernährung anerkannt.

LCHF besteht aus drei Bausteinen:
1. Baustein: Man begrenzt die Kohlenhydratzufuhr auf ein Minimum.
2. Baustein: Man ersetzt die dadurch fehlende Nahrungsmenge mit natürlichem Fett, d.h. weitestgehend „tierischem" Fett.
3. Baustein: Man ernährt sich mit natürlichen Nahrungsmitteln (d.h. keine künstlichen Zusatzstoffe, keine Süßstoffe etc.).
Alle Kohlenhydrate (sowohl schnelle als auch langsame) werden im Magen zu einfachen Zuckerarten gespalten. Durch den Darm werden sie dann ins Blut aufgenommen und das führt zum Anstieg des Blutzuckerspiegels. Dies wiederum dann zur Steigerung des Hormons Insulin.
Und dieses Insulin ist das Hormon, das hauptsächlich für die Fetteinlagerung verantwortlich ist und uns dick werden lässt. Wenn zu viel Insulin im Körper vorhanden ist, verhindert dieses Hormon die Fettverbrennung. Der Überschuss an Nahrung wird in die Fettzellen eingelagert. Die begrenzte Einnah-

me von Kohlenhydraten verhindert den Anstieg des Blutzuckerspiegels. So wird es dem Körper leicht gemacht von den eigenen Fettreserven zu leben, da deren Freisetzung nicht mehr ständig durch ein zu hohes Insulinniveau im Blut verhindert wird. Dies kann auch einer der Gründe sein, warum ein hoher Fettkonsum länger sättigt als der Konsum von Kohlenhydraten.

In vielen Studien, wo Versuchspersonen mit LCHF so viel essen durften, bis sie satt waren, hat sich gezeigt, dass die Kalorienmenge geringer war als im Vergleich zu denen die normales Essen gegessen haben.

Man sollte versuchen auf die eigenen Körpersignale zu hören und nur so viel essen, bis man satt ist.

Wenn man die Kohlenhydrate so weit wie möglich reduziert und gleichzeitig nicht an Fett spart, dann stellt sich der Körper automatisch darauf ein.

Diesen Vorgang nennt man „Hormonelles Abnehmen".

Man ist immer satt und leidet nicht an ständigem Hungergefühl.

Quelle: Der Inhalt ist teilweise aus dem schwedischen übersetzt.
Kalorien zu zählen ist eine sehr schlechte Methode um die Energieaufnahme eines biologischen Wesens zu messen.

Beim Verzehr von sehr geringen Mengen an Kohlenhydraten bleibt der Blutzucker auf einem normalen, niedrigen Niveau. Ein normaler, niedriger Blutzuckerspiegel sorgt dafür, dass der Insulingehalt des Blutes gering bleibt. Bei einem niedrigen Insulingehalt wiederum wird das Hormon Glukagon freigesetzt. Glukagon sorgt dafür, dass u. a. die Fettsäuren im Fettgewebe (sowie das Fett aus der Nahrung) in Glukose umgewandelt werden.

Glukose wird vom Gehirn, den Muskeln und anderen Körperorganen als Brennstoff benötigt. Dies setzt voraus, dass eine gewisse Menge an tierischem Fett dem Körper durch die Nahrung zugeführt wird.

Ist bereits eine große Menge an Körperfett vorhanden, braucht man weniger Fett mit der Nahrung zuzuführen aber man sollte dennoch ausreichend an Proteinen verzehren, um die optimale Funktion der Zellen zu garantieren.

Eine große Portion Stärke oder andere Zuckerarten sowie Kohlenhydrate kann den Körper in eine Stresssituation bringen, durch einen kräftigen Insulinanstieg (als Folge des Kohlenhydratverzehrs) der wiederum eine Kortisol-Ausschüttung verursacht. Der Körper benötigt dann ca. 48 Stunden, um das Kortisol wieder abzubauen. Das Hormongleichgewicht ist dadurch ganze 2 Tage gestört; viel Zeit zur Fetteinlagerung!

Die oben erklärten Zusammenhänge machen verständlich, dass die Kalorienmenge ziemlich uninteressant ist, oder?

Der ganze Gewichtszunahme-/Gewichtsabnahmeprozess (in Form von Fett) wird ja ausschließlich von unserem Hormongleichgewicht gesteuert!

Daher ist es sehr wichtig, die eingenommene Kohlenhydratmenge so niedrig wie nur möglich zu halten, wenn man möchte, dass das Glukagon die Fettlager beseitigen soll.

Es ist zudem sehr wichtig, dass man nicht schummelt falls man schon viele Diäten gemacht hat, denn hierbei dauert es eine Weile bis der Körper versteht, dass es diesmal wirklich ernst gemeint ist. Sein Hormonsystem umzustellen ist etwas, das man ernst nehmen sollte.

Worauf man ganz verzichten sollte:
Zucker, Sirup, Süßigkeiten, süße Getränke, Kuchen, Gebäck und Produkte, in denen viel Zucker versteckt ist.

Wo sind überall Kohlenhydrate drin?
In Kartoffeln, Kartoffelprodukte wie z. B. Chips und Pommes, Reis, Mais, besonders Cornflakes, Popcorn, Getreideprodukte wie Nudeln, Brot, Kuchen, Müsli etc. Auch in Vollkornprodukten oder Produkten aus Dinkel!

Vorsicht auch bei Wurstprodukten. Diese enthalten oft Glutamat. Das ist ein Geschmacksverstärker (E621, E6259). Es gibt auch Wurst ohne diese Zusätze die man durch genaues Lesen des Inhaltsverzeichnisses finden kann.

Margarine wurde oft dazu verwendet, wenn man eine Diät zum Abnehmen machen wollte. Diese sind oft auf chemische Weise gehärtet und schaden eher dem Körper als dass sie nützen. Auch flüssige Margarinen zählen zu dieser Sorte.

Obst ist „möglicherweise" gesund, aber es erhöht den Blutzuckerspiegel und die Fruktose geht direkt in das Fettgewebe und wird dort als Fett gelagert.

Wieviel Obst ist gesund?

Vielleicht haben die Kinder ja noch ein ungetrübtes Verhältnis zu unseren Nahrungsmitteln, denn es gibt sehr viele Kinder, denen man das Obst regelrecht aufzwingen muss, weil man ja schon jahrelang von den Medien eingetrichtert bekommt, dass man viel Obst essen muss.

Bei der LCHF wird Obst zu den Süßigkeiten gezählt. Besonders Trauben und Bananen enthalten viele Kohlenhydrate.

Diese Ernährungsform empfiehlt, dass man höchstens eine Frucht täglich als Nachspeise essen sollte.

Geschieht die Gewichtsabnahme aber zu langsam, sollten Obst und Nüsse ganz ausgeschlossen werden bis man sein Zielgewicht erreicht hat (wenn es ums Abnehmen geht).

Low Carb

Was eine Low-Carb-Ernährung ist, haben die Ernährungswissenschaftler: Dr. med. Wolfgang Lutz, Dr. med. Jan Kwasniewski, Dr. Siegfried Seifert und Dr. C. Ehrensperger sowie auch Stefan Schaub schon beschrieben. Sie sagen, dass eine Low-Carb-Ernährung zu einer besseren Gesundheit führe. Die Kohlenhydrate werden eingeschränkt und durch Fett ersetzt. Das Fett ist ein idealerer Brenn- und Treibstoff als die Kohlenhydrate.

Diese Ernährungsform funktioniert aber nur, wenn man dem Körper täglich nicht mehr als 6 Broteinheiten liefert.
Ab dem 3. Tag verschwindet das Hungergefühl und der Blutzuckerspiegel wird dann stabil.

Eine Kohlenhydratarme Ernährungsform muss nicht unbedingt nur aus Fleisch und Fett bestehen!

Dr. Jan Kwasniewski kann Erfolge verzeichnen durch seine Kohlenhydratarme Fleischkost.
Breuss durch Gemüsesäfte,
Budwig durch die Öl-Eiweiß-Kost ohne Fleisch und Fisch,
Gerson verzeichnet Erfolge durch pflanzliche Frischkost und Franz Konz durch Wildkräuter und „Urkost alles roh".

Viele meinen Low-Carb sei gleich Fleischkost.
Aber Kohlenhydratarm ist ein verschieden anwendbarer Grundsatz.
Es muss genauer heißen: Kohlenhydratarme pflanzliche Frischkost oder Kohlenhydratarme Gemüsesaft-Kost, oder Kohlenhydratarme Öl-Eiweiß-Kost, oder Kohlenhydratarme Fleischkost (oder Fisch).
Alle Low-Carb-Wissenschaftler sagen aus, dass man mit einer Low-Carb-Lebensweise Ausdauer im Sport und in der Gesundheit erreichen könne.
Bei dieser Lebensweise würden die Heißhunger Attacken verschwinden, weil es keine Blutzuckerschwankungen mehr gäbe.
Die Sättigung hält über viele Stunden an.

BBC ließ jahrelange Testreihen laufen. Es erwies sich, dass dieses Low-Carb der Schlüssel in der Ernährungsrevolution ist. Diabetes bis hin zum Krebs hat als Grundursache den Überkonsum an Kohlenhydraten. Getreideprodukte belasten Leber und Bauchspeicheldrüse.

Es wird auch behauptet, dass die Ursache von Nahrungs-Intoleranz und Allergie auch darauf zurück zu führen sei, dass der Mensch zu viele Kohlenhydrate esse. Die Ernährungswissenschaftler sagen auch, dass man keine Angst haben braucht vor tierischen Fetten. Gefährlich seien nur die Transfette aus den Fabriken und die Erhitzung.

Auch Kwasniewski warnt vor Pflanzenölen.

Es wird berichtet, dass Fett nur dann fett machen würde, wenn man es mit Insulintreibenden Kohlenhydraten kombiniert. Je höher die Stärke erhitzt wird, umso schneller tritt sie ins Blut über und fordert das Insulin heraus.

Nur wenn der Insulinspiegel im Blut genügend hoch ist, dann kann das Fett in die Fettgewebszellen eingeschleust werden.

Was wirklich „Fett" macht, ist eine Kombination aus Zucker und Fett wie zum Beispiel: Kuchen.

Diese komplette Einschränkung des Brotes und Kuchens schreckt zu fast 90% die Menschen ab, überhaupt mit so einer Low-Carb-Diät anzufangen.

Aus diesem Grunde sage ich ihnen dann, dass es Möglichkeiten gibt, auch Brot ohne Mehl zu backen. Dadurch kann man die Menschen an eine kohlenhydratarme Ernährungsform heranführen.

Seit vielen Jahren wird uns eingeredet, man muss besonders auf tierische Fette aufpassen und mehr Vollkorn essen. Warum werden dann die Menschen immer kränker, immer dicker? Die Autoren Lutz und Kwasniewski belegen mit ihren geheilten Patienten dass die Menschen die tierischen Fette viel besser vertragen.

Die Butter belastet die Leber nicht, eher das Brot und der viele Alkohol. Unsere Vorfahren hatten nie so viele „schnelle komprimierte" Kohlenhydrate zur Verfügung.

Unsere Gene sind noch so wie vor 40.000 Jahren. Der Getreideanbau und die Milchwirtschaft gibt es erst seit ca. 10.000 Jahren.

Inuit-Eskimos und die Lappen leben von rohem Rentier-Fleisch. So lange sie keinen Zucker und Mehl bekamen, lebten sie viel gesünder als jetzt mit den so gepriesenen gesunden Südfrüchten und Salaten.

Die Atkins-Diät

Atkins ist eine Diät nach dem Low-Carb-Prinzip. Sie reduziert am Anfang der Diät sehr stark die Kohlenhydrate und nutzt das Fett und die Proteine als Hauptenergieträger. Der Körper schaltet auf Energiegewinnung (Keton-Körper) um.

Atkins veröffentlichte 1970 sein Diät-Buch und seine Devise hieß: Fett und Protein sind erlaubt.

Der Blutzuckerspiegel soll niedrig gehalten werden. Vitamine und Mineralstoffe sollen durch Zusatzpräparate aufgenommen werden.

Bei dieser Diät gibt es vier Phasen.

Personen mit großem Übergewicht sollen mit Phase 1 anfangen, um möglichst schnell in die Lipolyse (Ketose) zu kommen. Dadurch verbraucht der Körper Fett!

Die Phasen 2 – 3 bedeuten, dass man wieder ein paar Kohlehydrate essen darf.

Die Phase 4: Wenn man nicht mehr weiter abnimmt, sollte man auch auf die Kalorienmenge achten.

Robert Atkins war ein Amerikanischer Kardiologe und Ernährungswissenschaftler. Bekannt wurde er durch die nach ihm benannte Atkins-Diät. Er verstarb im April 2003.

Die Logi-Methode

Diese Logi-Methode ist auch eine kohlenhydratreduzierte Ernährungsform. Sie beruht auf einer Ernährungs-Empfehlung der Adipositas Ambulanz der Harvard-Universitätskinderklinik und wurde bei übergewichtigen Kindern und Jugendlichen eingesetzt.

Logi stand dort für die Abkürzung: Low Glycemic Index (engl. niedriger Glykämischer Index). Von dem deutschen Ernährungswissenschaftler: Dr. Nicolai Worm wurde diese Ernährungsform in Deutschland angepasst und 2003 in Buchform veröffentlicht. Sie adaptiert die Vorschläge von: David Ludwig (Harvard Uni-Kinderklinik) unter Evidenz-Gesichtspunkten.

Dr. Worm möchte die Logi-Methode nicht als Diät, sondern als eine dauerhafte Ernährungsweise verstanden wissen (Low Glycemic and Insulinemic).

Bei der Logi-Methode darf man alles essen. Der Anwender orientiert sich an der Logi-Pyramide.

Gemüse, Salate und Obst sowie Öle, Fleisch oder Fisch stellen die Basis der Ernährung dar. Der Schwerpunkt sollte auf den stärke- und zuckerarmen Lebensmitteln liegen.

Beim Obst solle man auf den Zucker bzw. auf die Kohlenhydrate achten. Je süßer die Frucht, desto größer der Zuckergehalt. Das kann eine zu hohe Glykämische Last bewirken!

3 Portionen Gemüse und 2 Portionen Obst sollten pro Tag verzehrt werden. Bei den Ölen sollte den Vorzug erhalten: Olivenöl sowie Öle mit relativ hohem Anteil an Omega 3 Fettsäuren (Rapsöl, Walnussöl und Leinöl).

Die Eiweißlieferanten sind: Mageres Fleisch, Geflügel und fetter oder magerer Fisch sowie Milchprodukte, Eier, Nüsse und Hülsenfrüchte. In begrenzten Mengen kann man essen: Vollkornprodukte (Reis, Nudeln). Ganz weg lassen sollte man: Weißmehl, Kartoffeln und Süßwaren.

Die Basis der Logi-Pyramide ist die glykämische Last. Der Blutzuckerspiegel soll konstant auf niedrigem Niveau gehalten werden. Die benötigte Energie sollte aus 45 Prozent fetthaltiger und 25 Prozent eiweißreicher Nahrung kommen.

Laut Worm ist die Logi-Methode für alle Menschen geeignet. 2006 wurde eine Studie veröffentlicht, in der über die positiven Erfahrungen von Typ II Diabetikern berichtet wurde (Reha-Klinik Überruh).

Die Logi-Ernährung kann als eine so genannte Low-Carb-Ernährung eingestuft werden und sie ist eine Weiterentwicklung der Ernährungsvorschläge von David Ludwig von der Medizinischen Fakultät der Harvard Universität. Dr. Worm hat dessen Logi-Pyramide einvernehmlich modifiziert.

Die Montignac Methode

Montignac war der Erfinder dieser Ernährungsmethode. Diese Ernährung soll zur Gewichtsabnahme und zur Gesundheitsförderung beitragen. Der Erfinder lehnt auch die Bezeichnung Diät ab. Von ihren Befürwortern wird sie als Dauerernährung empfohlen und enthält Elemente der Glyx-Diät, Trennkost-Diät und von Low-Carb.

Bei der Montignac-Methode soll weder auf Eiweiß, Fett noch auf Kohlenhydrate verzichtet werden. Die Kohlenhydrate werden in „gute" und „schlechte" eingeteilt. Und die „schlechten Kohlenhydrate" sollte man meiden!

Es gibt einige Montignac-Regeln:

Sehr gute Kohlenhydrate (GI bis 35) dürfen mit einer beliebigen Menge an Eiweiß und Fett kombiniert werden. Gute Kohlenhydrate (GI von 35-50) sollte man nicht mit Fett kombinieren. Schlechte Kohlenhydrate (GI von 50-100) sollte man ganz weglassen.

Für die Gewichtsabnahme ist es wichtig, dass der Insulin-Spiegel konstant niedrig bleibt. Dadurch wird die aufgenommene Nahrung vollständig verbrannt. Es kann Fett abgebaut werden.

Montignac gliedert seine Diät in zwei Phasen:

1. Gewicht zu verlieren. Es dürfen nur Lebensmittel mit einem niedrigen GI gegessen werden.

2. Gewicht stabilisieren. Hier gibt es Ausnahmen bis hin zu den Kartoffeln.

Die Glyx-Diät

Bei der Glyx-Diät sollen überwiegend Lebensmittel mit einem niedrigen glykämischen Index gegessen werden. Die Eiweiß-Fett-, Kalorienmenge- und Kohlenhydrate der Nahrung sind nachrangig.

Diese Diät stammt von Marion Grillparzer (Diplom-Ökotrophologin). Sie führte 1999 den Begriff: Glyx als Kurzform für: glykämischer Index ein und ist mit der Logi-Methode/Montignac verwandt. Sie wird als Gewichtsreduktion und Dauerernährung empfohlen.

Die South-Beach-Methode

Die South-Beach-Methode ist eine Variante der Atkins-Diät. Sie wurde von dem Kardiologen Arthur Agastston entwickelt. Er stellte eine gesunde Ernährungsweise für seine Herzpatienten zusammen. Die Diät wurde später nach seinem Wohnort in Florida benannt.

Während die Atkins-Diät keine, oder nur wenige Kohlenhydrate erlaubt, findet die South-Beach-Methode ein gesundes Mittelmaß. Sie orientiert sich sowie die Glyx-Diät an dem so genannten „glykämischen Index".

Agatston unterscheidet drei Phasen:

1. Phase: Ist die strengste Phase. Hier geht es darum, den Körper an die neue Ernährungsweise zu gewöhnen. Man verliert in den ersten zwei Wochen ca. 4 – 6 Kilo.

2. Phase: Stück für Stück das Idealgewicht erreichen. Das heißt: Pro Woche verliert man in dieser Zeit ca. ½ -1 Kilo an Gewicht.

3. Phase: Das Gewicht halten. Nicht mehr in die alten Essgewohnheiten zurück fallen.

Die Lutz-Diät

Die Lutz-Diät ist fettreich und kohlenhydratreduziert. Sie wurde in den Jahren 1950 – 1960 von dem österreichischen Arzt Wolfgang Lutz entwickelt und gehört zu den Low-Carb-Diäten und gleicht der Atkins-Diät.

Lutz studierte in Wien und Innsbruck Medizin und habilitierte 1943 an der Wiener Universität. In seinem Buch: Leben ohne Brot (1967), berichtete er über seine gesundheitlichen Problemen wie Hüftarthrose, chronische Polyarthritis und Erschöpfungssyndrome.

Durch die Umstellung auf eine kohlenhydratarme Diät mit 6 Broteinheiten pro Tag (ca. 72 Gramm Kohlenhydrate) konnte er seine Krankheiten heilen bzw. deren Fortschreiten zum Stillstand bringen.

Daraufhin entwickelte er eine allgemeine Theorie zur Schädlichkeit von Kohlenhydraten für die Gesundheit. In verschiedenen Publikationen hat er sie veröffentlicht.

Wolfgang Lutz erhielt für sein Werk die Auszeichnung der Royal-Society of Medicine sowie im Jahr 2007 den Freedom of the City of London Award. Er ist Ehrenprofessor der Metropolitan University of Dublin, Irland.

Was bedeutet Ketose?

In Ketose kommt man durch andauernden Hungerzustand oder bei einer unzureichenden Zufuhr von Kohlenhydraten. Es kommt hierbei auch zu Mundgeruch oder Körpergeruch. Der Geruch kann in diesem Fall einen charakteristischen fruchtigen Keton-Geruch aufweisen.
Die Ketone werden von allen Geweben (Muskulatur, Gehirn) als Energielieferant verwendet.

Zum Beispiel wird bei der Atkins-Diät (ketogene Diät) eine Ketose zur Gewichtsreduzierung angestrebt. Die Keton-Körper können die Blut-Hirn-Schranke passieren und dort als Energiequelle zu Glukose werden.
Der Übergang des Stoffwechsels in die Ketose kann von Müdigkeit und Kopfschmerzen begleitet sein. Die vergehen nach wenigen Tagen wieder.

Bei Diabetes mellitus Typ 1 (Insulinmangel) kann es zu einer schweren Ketose bis hin zur Ketoazidose kommen.

Der Körper nutzt die Kohlenhydrate, um sie in Energie zu verwandeln. Wenn die Nahrung keine Kohlenhydrate enthält, ist das nicht möglich. Also wird der Stoffwechsel umgestellt auf Fettverwertung. Dabei werden Fettsäuren verwandelt.
Ketone entstehen bei jeder Diät, sobald der Körper auf Hungerstoffwechsel umschaltet - erkennbar beim Mundgeruch als Folge des Stoffwechsel-Produktes.
Keton-Körper im Blut sollen appetithemmend wirken. Die Atkins-Anhänger bezeichnen sich auch als Ketarier

Die LC Ernährung wird bei folgenden Krankheiten eingesetzt

- Diabetes Typ 2
- Rheuma
- Gicht
- Migräne
- Verstopfung
- Blähungen
- Magen- und Darmerkrankungen
- Sodbrennen
- Krebs
- Epilepsie
- Übergewicht
- Erhöhten Cholesterinwerten
- Chronischen Entzündungsprozessen der Schleimhäute
- AD(H)S
- Hautausschlägen oder Akne

Positiv könnte sich die Low Carb-Ernährung auch auf folgende Krankheiten auswirken:

- Multiple Sklerose (MS)
- Schizophrenie
- Parkinson
- Alzheimer
- Autismus
- Wechseljahresbeschwerden
- Pubertät

Eine „Kohlenhydratarme Ernährung" korrigiert den gestörten Stoffwechsel und hilft das Übergewicht zu verringern. Der Blutzucker wird durch diese Ernährungsweise stabilisiert. Diese Art der Ernährung entlastet den Körper in vielen Bereichen.

Bei einer Reduzierung der Kohlenhydrataufnahme wirkt sich das nicht nur positiv auf den Blutzuckerspiegel aus, sondern auch auf die Bauchspeicheldrüse. Sie schaltet bei der Produktion des Hormons Insulin einen Gang runter, dadurch wird die Gefahr gebannt an Diabetes zu erkranken. Eine „Kohlenhydratarme Ernährung" bedeutet nicht auf Kohlenhydrate völlig zu verzichten. Diese Ernährung steht für eine verminderte Aufnahme von Kohlenhydraten. Die Befürchtung bei der Ernährungsumstellung eine Mangelerscheinung zu bekommen, kann widerlegt werden.

Es gibt eine ausreichende Zufuhr von Kohlenhydraten durch den Verzehr von:

- Gemüse
- Milch
- Quark
- Joghurt
- Nüsse
- Obst (kein Steinobst oder Bananen)

Entscheidend ist immer, wie hoch der Zuckeranteil (Kohlenhydrate) ist, der in dem jeweiligen Lebensmittel steckt. Das Hormon Insulin (blutzuckersenkend) ist entscheidend am Wachstum der Fettdepots beteiligt. Wenn wir viele Kohlenhydrate essen, wird viel Insulin ausgeschüttet, das den Blutzuckerspiegel wieder senkt.

Insulin ist ein Masthormon. Essen wir zu viele Kohlenhydrate, verbrennt unser Körper weniger Fett. Das gute HDL-Cholesterin sinkt und die Triglycerid-Werte erhöhen sich. Das schlechte LDL-Cholesterin wird aggressiv. Es entsteht nicht selten eine Diabetes mellitus Typ 2, Herzinfarkt oder Schwangerschaftsdiabetes.

Es gibt viele Bezeichnungen für Zucker

- Lävulose
- Fructose
- Farin
- Glucosesirup
- Saccharose
- Glucose
- Dextrose
- Maltrodextrose
- Invertzucker
- Maltrose
- Lactose

Auch der Milchzucker, Fruchtzucker, brauner Zucker, Rohr-zucker oder Traubenzucker sind keine guten Zuckerarten. Steht auf den Lebensmittelverpackungen „ohne Zucker", be-deutet dies: Es wurde kein Haushaltszucker (Saccharose) ver-wendet oder hinzugefügt. Aber Vorsicht, dennoch können andere Zuckerarten zum Einsatz gekommen sein. Glukose besteht aus einer ringförmigen Verbindung, sechs Kohlenstoff Atomen und jedes dieser sechs Atome hat vier chemische Bindungen. Die linksdrehende Vergärung der Kohlenhydrate kann der Mensch nicht so gut abbauen. Rechtsdrehende Milchsäuren (Fleisch) dagegen sind nicht so gefährlich. So wird es immer noch behauptet!

Viele Menschen haben eine Übersäuerung des Gewebes durch zu viele Kohlenhydrate und nicht, wie oft angenommen wird, durch den Genuss von zu viel Fleisch und tierischem Eiweiß. Wer mehr über Glukose erfahren möchte, siehe Wikipedia: http://de.wikipedia.org/wiki/Glucose

Geschmacksverstärker Glutamat

Noch immer wird der Geschmacksverstärker Glutamat in unzähligen Fertignahrungsmitteln und Würzmitteln eingesetzt, obwohl bekannt ist, dass Glutamat gesundheitsschädlich ist.

Im Unterschied zu den bekannteren Rauschgiften, die high machen, erzeugt Glutamat künstlich Appetit, weil es die Funktion unseres Stammhirns stört.

Das Stammhirn „limbisches System" regelt neben den elementaren Körperfunktionen unsere Gefühlswahrnehmung und den Hunger.

Glutamat könnte folgende Störungen verursachen:

- Depressionen
- Chronische Verstopfung der Nasenschleimhäute
- Herzjagen
- Herzklopfen
- Hirnschäden (Läsionen)
- Hyperaktivität
- Konzentrationsschwäche
- Wachstumsstörung
- Schweißausbrüche
- Mundtrockenheit
- Sodbrennen
- Ungewöhnlicher Durst
- Frösteln
- Gerötete Hautpartien
- Stresswirkungen
- Gesichtsmuskelstarre
- Kopfschmerzen
- Nackentaubheit
- Gliederschmerzen
- Allgemeine Schwäche
- Magen- und Darmprobleme
- Übelkeit
- Erbrechen
- Durchfall
- Bluthochdruck
- Migräne
- Begünstigt Alzheimer
- Multiple Sklerose
- Parkinson
- Augenschäden
- Heißhunger

Inzwischen weiß man, dass Glutamat bei Krankheiten wie Alzheimer, Multipler Sklerose oder Parkinson eine unheilvolle Rolle spielt. Die Sinneswahrnehmung wird deutlich eingeschränkt und die Lernfähigkeit und das allgemeine Konzentrationsvermögen nehmen nach Einnahme von Glutamat bis zu mehrere Stunden lang nachhaltig ab.

Bei Allergikern kann Glutamat epileptische Anfälle bewirken oder sogar zum Soforttod durch Atemlähmung führen.

Nach Meinung des an der Hirosaki Universität in Japan tätigen Forschers Dr. Ohguro ist Glutamat auch für eine Schädigung der Augen verantwortlich.

Fest steht, dass Konzentration und Lernfähigkeit durchaus mit einer intelligenten Auswahl der Speisen und Getränke verbessert werden können. Und wer sich so ernährt, dass er weniger vergisst, hat auch gleich bessere Laune.

Die Wechselwirkung von Ernährung und Gesundheit ist evident und gerade angesichts der Kostenexplosion im Gesundheitswesen sollte sich jeder darauf besinnen, was er selbst für seine Gesundheit tun kann. Man muss auch kein Ernährungswissenschaftler sein, um eine gesunde und schmackhafte Ernährung, die sich nebenbei auch positiv auf eine schöne Haut und Haare auswirkt, auf den Tisch zu zaubern.

Mangelerscheinungen an Haut, Haaren und Nägeln

Es ist kein Wunder, dass sich Mangelerscheinungen zuerst an Haut, aber auch an Nägeln und Haaren bemerkbar machen. Viele einseitige Diäten wirken sich in der Regel negativ auf unseren Körper aus. Gepflegt wird die Haut von außen, aber ernährt und aufgebaut wird sie durch unsere tägliche Nahrung. Unser Verdauungssystem löst die Nährstoffe aus der Nahrung und unser Blutkreislauf bringt sie an die Stellen, wo sie gebraucht werden, bis in jede Hautzelle. Gleichzeitig nimmt das Blut die Abbaustoffe auf, transportiert sie zur Entgiftung in Leber und Niere und übernimmt die Entsorgung. Je reibungsloser dieser Ab- und Aufbau funktioniert, desto schöner werden wir.

Der Mensch hat durchschnittlich 100.000 Haare. Ein Haar fällt spätestens nach sechs Jahren aus und macht einem neuen Haar Platz. Damit kräftige Haare wachsen, die fest in der Kopfhaut verankert sind, benötigt der Körper Bausubstanz und wichtige Hilfsmittel in Form von Vitaminen und Spurenelementen. Die Grundsubstanz der Haare ist Eiweiß. Omega-3 Fettsäuren sorgen für eine gesunde Kopfhaut und schönes Haar. Eine kohlenhydratarme Ernährung (Low Carb) sorgt für einen hohen Gehalt an Omega-3 Fettsäuren (Lachs, Rindfleisch, Eier, Leinsamen etc.). Die Haarwurzelzellen gehören mit zu den teilungsaktivsten Zellen des menschlichen Körpers und erfordern einen hohen Stoffwechselumsatz, der viele Nährstoffe wie Vitamine und Spurenelemente benötigt. Da der Körper von vielen dieser Substanzen keine Depots bilden kann, muss er sie in ausreichenden Mengen über die Ernährung aufnehmen.

Ob ACE-Vitamingetränke, Getränke, Joghurts, Frühstückszerealien oder Produkte für Diabetiker - wer damit seinen Durst oder Hunger stillt, nimmt viel Fruchtzucker auf. In vielen Produkten stecken mehr als 20 Gramm Gesamtfruktose pro Portion.

Der Fruchtzucker gilt fälschlicherweise immer noch als gesund, bleibt aber trotzdem Zucker. Fruchtzucker bereitet dem Darm mehr Probleme als der übliche Haushaltszucker. Die Folge sind heftige Durchfälle und starke Blähungen. Ein Drittel der Deutschen leidet darunter.

Deutschland ist das Land der meisten Vorsorgeuntersuchungen

Deutschland ist das Land der meisten Ärzte und Vorsorgeuntersuchungen, aus diesem Grunde ist es paradox, warum die Menschen immer kränker werden.

Fast jeden Tag wirft die Pharmaindustrie neue Medikamente auf den Markt, die Praxen der Ärzte werden immer voller und die Top-Gehälter für viele Krankenkassen-Manager steigen in die Höhe.

In Deutschland werden bereits über 25% der Ausgaben der gesetzlichen Krankenkassen für die Behandlung des Diabetes aufgewendet. Davon profitieren nicht nur die Arztpraxen sondern vor allem die geldaufsaugende Pharmaindustrie.

Es könnte mit einer einfachen Ernährungsaufklärung (keine Ernährungsberater, die von der Pharmaindustrie geschult werden) viel Geld gespart werden und die Patienten müssten weniger oder in manchen Fällen gar keine oralen Antidiabetika einnehmen. Vor allem aber sollten Diabetiker wissen, dass sie nicht schuldig sind an der Kostenexplosion - sie sind nur das Mittel zum Zweck noch mehr Geld in die Kassen der Medikamentenhersteller zu spülen.

Am Welt-Diabetes-Tag (14. November 2010) erfuhr man, dass der Diabetes als globale Epidemie bezeichnet wird. Zu dieser Zeit gab es rund 283.300.000 Diabetiker weltweit und jeden Tag kommen 17.280 neue Patienten hinzu.

Seit mehr als 30 Jahren predigen die Ärzte und Ernährungs-wissenschaftler: Finger weg vom FETT! - Menschen sollen weniger tierisches Eiweiß essen. Untersuchungen belegen aber schon seit vielen Jahren, dass unsere Gesellschaft durch die als gesund gehaltene fettarme und kohlenhydratreiche Ernährung weder schlanker noch gesünder geworden ist.

Mit Sicherheit könnte so manche Diabetes (Typ Zwei) oder eine andere Zivilisationskrankheit verhindert werden, wenn allgemein deutlicher wäre, welchen Unfug man mit zu vielen Kohlenhydraten anrichten kann.

Viele unter den diplomierten Ernährungsexperten meinen sich nicht weiterbilden zu müssen, weil ihnen das Studium ein qua-lifiziertes Fachwissen vermittelt hat. Nun ist zu befürchten, dass durch die Weitergabe von überholten Fachkenntnissen, die ernährungsbedingte Gesundheit vieler Deutscher weiterhin auf dem Spiel steht. Aber immer noch weisen viele Experten auf die Ernährungspyramide der Deutschen Gesellschaft für Ernährung (DGE) hin und meinen damit im Recht zu stehen, erkennen aber nicht, dass manche Nahrungsmittel auf den falschen Plätzen der Pyramide ruhen. Es ist an der Zeit die Bevölkerung aufzuklären, dass bestimmte Ernährungstipps schlicht und einfach falsch sind.

Zivilisationskrankheiten entstehen durch stark kohlenhydrat-belastete Lebensmittel, die täglich nach Meinung der Ernäh-rungsexperten auf dem Tisch stehen sollten. Dabei übersehen sie, dass ein übermäßiger Verzehr von Kohlenhydraten einen zu hohen Blutzucker- und Insulinspiegel bewirkt wird, der sich auch negativ auf die Eigenschaften der roten Blutkörperchen auswirkt. Die Elastizität der Blutkörperchen lässt nach, das hat zur Folge, dass das Blut dicker wird und das Schlaganfallrisiko zunimmt. Messbar ist die Eigenschaftsveränderung der roten Blutkörperchen durch den Laborwert des Glykohämoglobin (HbA1c).

Quelle: Autonomes Institut f. Kreative Forschung, Dr. C. P. Ehrensper-ger

In Cleveland wurde an der Universität von Faramarz Ismail-Beigi an einer Studie mit 10.000 Diabetikern gezeigt, dass durch eine intensivierte Therapie Spätfolgen der Zuckerkrankheit wie Gefäßschäden nicht verzögert werden. Eine strenge Diabetes-Therapie schadet den Patienten mehr als sie nutzt. Sie führt zu mehr Todesfällen und Herzinfarkten, wie eine US-Studie zeigt. Die vierjährige Studie musste überraschend abgebrochen werden – es kam zu mehr Todesfällen und Herzinfarkten. Alle Teilnehmer wurden auf eine mildere Therapie umgestellt. Dies war für viele Ärzte ein großer Schock - hatte man doch lange geglaubt, dass ein niedrig eingestellter Blutzuckerspiegel Leben rettet und Nervenschäden vorbeugen würde. Hat man sich einmal durch den Dschungel der Krankheit Diabetes gekämpft, muss man sich als Patient auch im Urwald der Pharma- und Lebensmittelindustrie zurechtfinden. Dass die Diabetes-Fertig-Produkte doch nicht so gut sind, haben wir endlich begriffen.

Die Belastung des Menschen durch synthetisch hergestellte Chemikalien (Weichmacher, Bisphenol, Phthalate, Flammschutzmittel) kann zu Diabetes und Fettleibigkeit führen. Nach Angaben des Berliner Umweltbundesamtes produziert die Chemie-Industrie in Europa jedes Jahr etwa eine Million Tonnen dieser Substanzen. Sarah Häuser, Chemie-Expertin beim Bund sagte, dass die jetzt vorgelegte Literaturstudie, die fast 240 Untersuchungen zusammenfasst, deutlich zeige, dass zu den Ursachen von Übergewicht und Diabetes auch hormonelle Schadstoffe gehören. Anscheinend hemmen bestimmte Phthalate die Bildung von Insulin (Erläuterung von Helmut Schatz, Endokrinologe aus Bochum). Der Ärzteverband fordert nun, gesundheitsgefährdende Weichmacher durch unschädliche Stoffe zu ersetzen.

Professor Gilbert Schönfelder, Toxikologe am Institut für Klinische Pharmakologie und Toxikologie der Charité Berlin: „Die Diabetes- und Fettleibigkeitsraten haben weltweit epidemische Ausmaße angenommen.

Als Ursachen dafür werden bisher in erster Linie falsche Ernährung und Bewegungsmangel gesehen. Neue Studien zeigen aber, dass die Belastung mit hormonellen Schadstoffen einen wichtigen und bisher unterschätzten Anteil daran haben könnte.

Deshalb müssen die Vorsorgemaßnahmen ausgebaut werden. Hormonell wirksame Chemikalien dürfen vor allem nicht in die Körper von Kindern, aber auch nicht in die von Erwachsenen gelangen."

Quelle: Sarah Häuser, BUND-Chemikalien-Expertin und Almut Gaude, BUND-Pressereferentin.

Auch bei Parkinson und Alzheimer könnte die Low Carb Ernährung helfen

Parkinson gehört neben Demenz und Alzheimer zu den häufigsten degenerativen Erkrankungen des zentralen Nervensystems.

Parkinson entsteht durch eine beschleunigte, kontinuierliche Rückbildung wichtiger Nervenzellen im Gehirn, die für die Herstellung des Neurotransmitters Dopamin verantwortlich sind. Sind 60 bis 70 Prozent der Dopamin produzierenden Nervenzellen zerstört, kommt es zu den bekannten Symptomen.

Die Frühsymptome der Parkinson Krankheit werden von den Ärzten oft nicht erkannt. Diese Krankheit beginnt schleichend und kann über Jahre unspezifische Symptome aufweisen. Erst im mittleren Krankheitsstadium, wenn Zittern oder Muskelsteifigkeit auftreten, wird die Krankheit erkannt. Bis zu diesem Zeitpunkt sind die Beschwerden meist unspezifisch und für die Betroffenen wie für den Arzt nur schwer zu erkennen. Bei einer frühen Diagnose kann das Fortschreiten dieser degenerativen Nervenerkrankung jedoch durch eine gezielte Therapie deutlich verlangsamt werden.

Betroffene registrieren zu Krankheitsbeginn oft häufige Schmerzen im Nacken-Gürtel-Schulter-Bereich oder eine Bewegungsverlangsamung, Steifigkeit und eine diskrete Veränderung im Gang-Bild oder Körperhaltung. Auch die Mimik der Kranken ist reduziert und das Schriftbild kleiner sowie die Stimme monoton und leise.

Bei Krankheitsbeginn leiden zirka 20 Prozent an einer Depression und innerer Unruhe oder Schlafproblemen. Je früher eine wirksame Therapie begonnen wird, desto größer sind die Chancen, den Verlauf der Krankheit zu verlangsamen. Bei einer frühen Diagnose können Lebensqualität und Alltagsfähigkeit deutlich länger erhalten werden!

Immer mehr Menschen unter 40 Jahren erkranken an Parkinson. Die Zahl der Neuerkrankungen wird sich laut Experten-Schätzung in den kommenden 25 Jahren verdoppeln.

Zirka 300.000 Menschen in Deutschland leben mit Morbus Parkinson und es kommen pro Jahr zirka 20.000 diagnostizierte Neuerkrankungen hinzu. Seit ein paar Jahren diskutiert jetzt die Fachwelt, ob sich die ketogene Diät (zum Beispiel Low Carb „Kohlenhydratarme Ernährung") auch bei Erkrankungen wie Alzheimer oder Parkinson positiv auswirken könnte.

Der Grund für die positive Wirkung von kohlenhydratarmer Kost könnten die so genannten Keton-Körper sein, die die Leber während der Ketose als Energieträger bildet.

Zum Beispiel drosselt möglicherweise die Ketose bei Epilepsie die Hyperaktivität der Gehirnzellen. Es gibt heute vereinzelte Studien mit Alzheimer- oder Parkinson-Patienten, die mit dieser Diät-Form positive Wirkungen zeigten.

- Bei Alzheimer-Patienten ist die Verwertung von Glukose im Gehirn verringert.
- Bei Parkinson-Patienten spielt das Entstehen eines Defekts in den Mitochondrien eine Rolle.

Es wird schon lange vermutet, dass Keton-Körper bei der kohlenhydratarmen Ernährung (Low Carb) eine positive Wirkung auf unseren Stoffwechsel haben. Die Keton-Körper werden von der Leber während der Ketose als Energieträger gebildet. Vermutet wird, dass die Ketose während der Low Carb-Diät einen positiven Einfluss auf die Hyperaktivität von Gehirnzellen zum Beispiel bei Epilepsie-Patienten nimmt.

Die Zellatmung im Gehirn wird gesteigert wenn anstelle von Glukose (Zucker = Kohlenhydrate werden im Körper in Zucker verwandelt) Keton-Körper zur Energiegewinnung vom Körper verbrannt werden müssen. Ein Enzymdefekt ist dafür verantwortlich, wenn bei manchen Menschen die Glukose im Gehirn nicht vollständig verbrannt werden kann. Es gibt aber auch die Möglichkeit, dass bei diesen Menschen keine ausreichende Menge von Glukose im Gehirn ankommt und verantwortlich ist dafür der so genannte Glut 1-Defekt.

Dr. Jörg Klepper (Kinderarzt) von der Kinderklinik in Aschaffenburg berichtete schon vor einigen Jahren in einer Fachzeitschrift von durchschlagenden Erfolgen. Seine Studie: 94 Prozent der Patienten (Glut 1-Defekt) mit „ketogener Kost" waren von epileptischen Anfällen befreit.

Eine ketogene Diät (Ernährungsumstellung) ist eine kohlenhydratreduzierte, protein- und fettreiche Ernährung. Werden keine Kohlenhydrate (Zucker, alle Lebensmittel aus Mehl, Kartoffeln, Reis, süßem Obst, Milchzucker) mehr zugeführt, muss der Körper sich eine andere Energiequelle suchen und das ist das Fett. Auch für den Muskelaufbau ist eine eiweißreiche Kost unterstützend. Da es nun keine Kohlenhydrate mehr im Körper gibt, wandelt der Körper Fette in Keton-Körper um. Das nennt man Ketose. Keton-Körper haben eine hungerstillende Wirkung!

Warum gibt es heute
so viele Menschen mit AD(H)S?

Schon vor zirka 150 Jahren wurden in der Kinderliteratur typische Beispiele charakterisiert.

Jeder kennt das Kinderbuch „Struwwelpeter". Später galt auch Michel aus Lönneberga als Beispiel.

Die Krankheit „AD(H)S - Hyperkinetisches Syndrom" gehört heute auch zu den Zivilisationskrankheiten und die Symptome der Krankheit AD(H)S (Hyperkinetisches Syndrom) könnten eventuell durch eine Umstellung auf eine „kohlenhydratarme" Ernährung gemindert werden.

Bei der Krankheit „AD(H)S handelt es sich „laut Ärzten" um eine vorwiegend bei Kindern, aber auch bei Erwachsenen auftretende Gehirnstörung. In den letzten Jahren hat deren Ausbreitung dramatisch zugenommen. Diese Krankheit nennt man „Hyperkinetisches Syndrom" - noch vor vielen Jahren wurde diese Krankheit auch „Minimale zerebrale Dysfunktion" genannt. Es wird diskutiert, dass diese Krankheit als Folge eines Energiemangels im Gehirn in Zusammenhang gebracht werden könnte. Also, ein Mangel an Neurotransmittern wie auch ein Mangel an Dopamin und Serotonin, könne hier die Ursache sein.

Wissenschaftler stellten fest, dass diese Störung „ein neurobiologisches Defizit im Gehirn-Stoffwechsel" die Ursache sein könnte. Durch einen Mangel an „Neurotransmittern" werden die Aufmerksamkeit, das Weiterleiten von Nervenimpulsen und die Informationsverarbeitung geschwächt. Es gibt Untersuchungen, dass der Zuckerstoffwechsel bei diesen Kindern verlangsamt ist und Teile des Gehirns, die für Aufmerksamkeit zuständig sind, mit zu wenig Glukose versorgt werden. Als AD(H)S Ursache werden die gleichen Neurotransmitter diskutiert die außerdem auch bei Migräne eine entscheidende Rolle spielen könnten.

Das große Verwirrspiel der Ernährungswissenschaft

Was ist nun eigentlich gesund?
Im Fachblatt „Journal of the American Medical Association" schreiben Wissenschaftler: Wer den Kohlenhydrat-Anteil in der Nahrung reduziert, tut seinem Stoffwechsel etwas Gutes, nimmt leichter ab und lebt womöglich gesünder!

ABER das Gegenteil könnte allerdings auch richtig sein.
Im British Medical Journal schreiben Forscher, dass eine Ernährung, bei der die Kohlenhydrate eingeschränkt werden, das Risiko für Herzinfarkt und Schlaganfall erhöht.

Und nun?
Das Journal of the American Medical Association und das British Medical Journal gelten als die angesehensten Medizinjournale weltweit. Eigentlich sollten uns Ernährungswissenschaftler erklären können, was gesund ist!
Es braucht keine lange Recherche um festzustellen, dass sie sich häufig widersprechen. So werden einmal weniger Kohlenhydrate empfohlen, dann heißt es, dies erhöhe das Risiko für Herzinfarkt und Schlaganfall. Der Streit um mehr oder weniger Kohlenhydrate ist kein Streit, sondern lediglich Windmacherei aufgrund verschiedener Beschreibungen von Ergebnissen.

Brauchen wir wirklich all diese vielen Pillen, Diäten und Nahrungsergänzungsmittel? Aufgrund der neuen Erkenntnisse und der kontroversen Meinungen, gibt es derzeit keine übereinstimmende und eindeutige Ernährungspyramide von unabhängiger Seite. Ernährungs-Gurus und Firmen sind wie Pilze in die Höhe geschossen und haben mit ihren Ernährungspyramiden komplizierte Rechenaufgaben aufgestellt, es muss für jede Mahlzeit Punkte oder Kohlenhydrate, Fett und Eiweiß ausgerechnet werden.

Vorsicht Falle:
Fruchtgummi Bären
ohne Zuckerzusatz

Naschen ohne Zucker, es klingt fast zu schön, um wahr zu sein. Die Firma wirbt auf ihrer Webseite mit dem Slogan: „Sollten Sie bisher noch kein Fruchtgummi-Fan gewesen sein - nach Ihrem Besuch sind Sie es sicher!"
Die Firma hat Recht: Ich bin mir sicher, dass hier der Verbraucher mächtig getäuscht wird.
Für Diabetiker kann die Täuschung tragisch enden.

Nee, jetzt mal ehrlich: Halten die uns für blöd? Die Firma, die diese Fruchtgummis anbietet, wirbt mit ständigen Qualitätskontrollen.
Was sind das für Kontrolleure, die sich die „Bären ohne Zucker" unter die Lupe nehmen?

Zutatenliste dieser Bären:
Maltitsirup (siehe 1. Zutat)
Zur Information: Aus Glucosesirup wird auch der Maltit-Sirup hergestellt, ebenfalls ein Zuckeraustauschstoff mit der gleichen E-Nummer.
Karamellzuckersirup (siehe 6. Zutat)
Karamellsirup oder Karamellzuckersirup werden aus trocken erhitztem Zucker und Wasser hergestellt.

Lebensmittel-Etiketten lügen wie gedruckt und die Hersteller täuschen durch Bilder, Begriffe und Werbebotschaften. Die Lücke zwischen Schein und Sein klafft weit auseinander. Permanent werden Mehrwerte versprochen, Qualität vorgegaukelt und dem Verbraucher dabei das Geld aus der Tasche gezogen. Etikettenschwindel in Deutschland ist keine Ausnahme mehr und die Politiker stellen sich vor die Unternehmen, Verbände und gegen die Verbraucher, weil sie diese Praktiken verharmlosen.

So lange weiter nur anonyme Statistiken geführt werden, anstatt Betrüger beim Namen zu nennen, nutzen auch schärfere Kennzeichnungsregeln nichts.

Irreführungen und Täuschung werden erst ein Ende haben, wenn die Politik die Interessen und Rechte der Verbraucher vor der Macht der Konzerne schützt.

Wir Verbraucher können aber zu Veränderungen der Konzerne beitragen, wenn man sich beschwert, immer auf die Zutatenliste schaut und umstrittene Produkte vermeidet.

Es gibt viele Bezeichnungen für Zucker:

Lävulose, Fructose, Farin, Glucosesirup, Saccharose, Glucose, Dextrose, Maltrodextrose, Invertzucker, Maltrose, Lactose, Milchzucker, Fruchtzucker, brauner Zucker, Rohrzucker, Traubenzucker.

Steht auf den Lebensmittelverpackungen „ohne Zucker", bedeutet dies: Es wurde kein Haushaltszucker (Saccharose) verwendet oder hinzugefügt. Aber Vorsicht, dennoch können andere Zuckerarten zum Einsatz gekommen sein.

Schilddrüsenhormonbaustein

Ärzte unterschätzen immer noch den Zusammenhang zwischen Diabetes, Schilddrüse und Jod. Diabetiker sollten jährlich ihre Schilddrüsenfunktionen überprüfen lassen.

Professorin Petra-Maria Schumm-Draeger (Klinik für Endokrinologie, Diabetologie und Angiologie – Bogenhausen, München) sagt gegenüber der Fachzeitschrift: Ernährungs-Umschau, dass sich Störungen im Hormonhaushalt der Schilddrüse und der Bauchspeicheldrüse gegenseitig beeinflussen und auch die Jodzufuhr diese Wechselbeziehungen mit bestimmt. Dies würde immer noch unterschätzt.
Viele Diabetiker sind häufig nicht ausreichend mit dem Schilddrüsenhormonbaustein Jod versorgt, erklärt Schumm-Draeger.
Durch den Diabetes an Nieren-Erkrankte, scheiden vermehrt Jod über den Urin aus, was zu einer jodmangelbedingten Schilddrüsenvergrößerung führt. Gleichzeitig wirkt sich ein schlecht eingestellter Stoffwechsel bei Diabetikern direkt auf die Schilddrüsenhormone aus, die dann plötzlich erniedrigt sind. Sie täuschen damit eine Schilddrüsenunterfunktion vor.
Umgekehrt erschwert eine Fehlfunktion der Schilddrüse, den Diabetes einzustellen.

Typ-1-Diabetiker sind vermehrt von einer immunologisch bedingten Schilddrüsenerkrankung betroffen.
Die Deutsche Gesellschaft für Ernährung empfiehlt Jugendlichen, Erwachsenen und Diabetikern täglich 180 bis 200 Mikrogramm Jod aufzunehmen.

Professor Peter Scriba, der Leiter des Arbeitskreises rät Diabetikern täglich auf eine ausreichende Jodzufuhr zu achten. Hilfreich hierbei sind neben Jodsalz auch Jodtabletten.

Jod ist der Baustein der Schilddrüsenhormone T3 (Trijodthyronin) und T4 (Thyroxin), die viele Stoffwechselprozesse im Körper steuern.

Quellen: Veröffentlichung der Fachzeitschrift „Ernährungs-Umschau" Jun 2008

Schumm-Draeger P-M: Schilddrüsenfunktionsstörungen und Diabetes mellitus. Bis heute (2013) hat sich nichts geändert. Nur wenige Ärzte informieren darüber.

Wenn Männer Diabetes bekommen, leiden sie oft auch an Impotenz

Impotenz bei Männern, die an Diabetes leiden, kommt häufiger vor als angenommen. Schätzungen zufolge leidet knapp die Hälfte der männlichen Diabetiker unter Potenzstörungen.

Professor Dr. med. Thomas Haak (Mitglied des Vorstandes von diabetesDE und Chefarzt des Diabetes Zentrums Mergentheim) erklärt, dass sich viele scheuen, dieses Thema bei ihrem Arzt anzusprechen.

Er sagt, dass die Zuckerkrankheit dafür verantwortlich sein kann, dass es im Bett nicht so läuft wie erhofft. Viele Männer und Frauen mit Diabetes leiden an sexueller Unlust oder Impotenz. So können durch die Krankheit geschädigte Nerven eine sogenannte erektile Dysfunktion beim Mann verursachen. Frauen mit Diabetes haben beim Sex mitunter Schmerzen, weil sie unter trockenen Schleimhäuten und Entzündungen im Genitalbereich leiden. Betroffene und ihre Partner sollten sich daher nicht scheuen, ihren Arzt oder einen geschulten Therapeuten mit einzubeziehen, wenn sie sich sexuell eingeschränkt fühlen.

Es gibt aber oft existierende und wirksame Behandlungen und gute Erfahrungen mit der sogenannten Schwellkörperautoinjektionstherapie.

Viele weitere Infos im „diabetesDE" Chat!

Der Diabetes-Chat steht allen Internet-Nutzern kostenfrei zur Verfügung. Die Protokolle der letzten Sprechstunden können Sie unter www.diabetesde.org/aktivleben/expertenchat abrufen. Eine weitere wichtige Anlaufstelle ist das Diabetes Gesundheitstelefon. Unter der Nummer 01802-505205 (6 Cent/Anruf aus dem Festnetz, Mobilfunk max. 42 Cent/Minute) stehen täglich 24 Stunden Experten für Fragen bereit.
Quelle: diabsite.de/aktuelles/nachrichten/2010/100318

Die Behandlung des Schwangerschaftsdiabetes

Die Behandlung des Schwangerschaftsdiabetes normalisiert das Übergewichts- und Diabetes-Risiko des Kindes, sagt die DGE.
Schwangere mit Diabetes sollten konsequent betreut und therapiert werden. Da auch das Körpergewicht der Frau entscheidenden Einfluss auf die pränatale Prägung hat, sollten Frauen bereits vor der Schwangerschaft eine Gewichtsnormalisierung anstreben und Übergewicht sowie eine übermäßige Energiezufuhr und Gewichtszunahme während der Schwangerschaft vermeiden. Zirka 20% aller werdenden Mütter entwickeln einen Schwangerschaftsdiabetes. Da nur bei jeder zehnten Betroffenen der Diabetes erkannt und behandelt wird, sind die Risiken bei Kind und Mutter sehr hoch. Die Krankheit Diabetes ist hier ein Milliarden-Geschäft und alle wollen daran verdienen!
Alle Medikamente haben Nebenwirkungen! Und für Schwangere ist es immer besser, auf Medikamente zu verzichten, wenn man die Krankheit mit einer Ernährungsumstellung bekämpfen kann.
Sprechen Sie bitte mit Ihren Ärzten über die Low Carb Ernährung. Sie wird diesbezüglich schon von vielen Frauenärzten empfohlen.

Die Deutsche Gesellschaft für Ernährung e. V. (DGE) forderte schon 2008 in ihrem Ernährungsbericht, die Aufnahme eines „Screenings auf Schwangerschaftsdiabetes" in die Mutterschaftsrichtlinien.

Gallensteine erhöhen das Risiko für Diabetes Typ 2

Menschen mit Gallensteinen haben ein 42% höheres Risiko an Diabetes Typ 2 zu erkranken als Menschen ohne Gallensteine. Auch Menschen, die bereits an Diabetes leiden, neigen häufiger dazu Gallensteine zu bekommen. Klar ist leider noch nicht, ob es Gallensteine oder Nierensteine sind, die das Risiko erhöhen. Gallensteine erhöhen das Risiko an Diabetes mit dem Typ 2 zu erkranken. Dies ergab eine Langzeitstudie des Deutschen Instituts für Ernährungsforschung.
Heiner Boeing (Studienleiter) sagt, dass Gallensteine ein eindeutiger Risikofaktor für eine Diabetes-Erkrankung sind. Dagegen schloss er Nierensteine als Risikofaktor aus. Seine Erkenntnis könnte für die Einschätzung des individuellen Diabetes-Risikos genutzt werden. Cornelia Weikert (Studien-Autorin) empfiehlt Personen mit Gallensteinen, sich über potentielle Anzeichen für eine Diabetes-Erkrankung und deren Risikofaktoren frühzeitig beraten zu lassen.

Stoffwechselstörung „Diabetes"

Diese Stoffwechselstörung „Diabetes" kann unterschiedliche Ursachen haben.
Diabetes mellitus (Zuckerkrankheit) ist eine Stoffwechselstörung, bei der die Blutzuckerwerte dauerhaft zu hoch sind. Diabetes mellitus wird in mehrere Gruppen unterteilt: Typ 1, Typ 2, Typ 3 und Typ 4.

Beim „Typ 1 Diabetes"

handelt es sich um eine sogenannte „Auto-Immun-Erkrankung". Der Körper zerstört nach und nach die Inselzellen der Bauchspeicheldrüse, die für die Produktion des Hormons Insulin verantwortlich sind. Ohne Insulin kann der Körper keine Kohlenhydrate verbrennen, so dass der Zucker aus dem Blutkreislauf nicht in die Zellen gelangen kann. Hier muss definitiv mit Insulin behandelt werden. Da das Insulin ein Eiweißstoff ist, würde es im Magen einfach verdaut werden, wenn man es einnähme - daher muss dieses Hormon injiziert oder infundiert werden, damit es nicht durch den Magen geht.

Beim „Typ 2 Diabetiker"

treten die gleichen Symptome wie beim Typ 1 auf. Oft macht sich der Diabetes Typ 2 erst sehr spät bemerkbar, was ihn so gefährlich macht. Der Diabetes Typ 2 wurde früher oft als Alterszucker bezeichnet, da vor allem ältere Menschen, davon betroffen waren. Heute sind immer mehr junge Menschen und sogar Kinder vom Diabetes Typ 2 betroffen. Eine Insulinsubstitution ist hier erst dann erforderlich, wenn alle anderen Maßnahmen nicht zum Erfolg führen.

Der „Diabetes Typ 3"

fasst eine Vielzahl verschiedener Erkrankungen zusammen. Sie lassen sich nicht immer eindeutig von den gängigeren Formen Diabetes Typ 1 und Typ 2 abgrenzen.

Der „Diabetes Typ 4"

wird auch Schwangerschaftsdiabetes (Gestationsdiabetes) genannt und gehört zu den Unterformen.

Warum ist Insulin so wichtig? Um seine vielfältigen Aufgaben (Hirntätigkeit, Herztätigkeit, Atmung, Bewegung usw.) erfüllen zu können, benötigt der Körper Energie. Diese gewinnt er aus der Nahrung durch das Verbrennen von Nährstoffen.

Je nachdem wie wir heute Leben, so wird es uns im Alter auch gehen. Achten wir heute schon auf eine gesunde und ausgewogene Ernährung sowie einen guten Lebensstil, werden wir auch später noch davon profitieren. Sind Sie bereits Diabetiker, können Sie Ihren Blutzuckerspiegel mit der richtigen Ernährung auf einem niedrigen Stand halten oder sogar senken. Das beste natürliche Mittel gegen Diabetes ist der Verzicht auf kohlenhydratreiche Nahrungsmittel.

Natürliche Aromen – die Lüge des Jahrhunderts

Industriell verarbeitete Lebensmittel enthalten viele Zusatzstoffe. Diese Substanzen sollen die Eigenschaften von Lebensmitteln verbessern, sie z. B. süßen, färben oder konservieren.

Im 19. Jahrhundert wurde das Gemüse noch mit Kupfer gefärbt, heute sorgen moderne Mittel für wilde Panschereien. Die Technik macht es möglich, die Politik lässt es zu. Aromen werden aus verschiedenen Quellen gewonnen, alle mehr oder weniger natürlich.

Z. B. das Erdbeer-Aroma, das aus Holz gewonnen wird, ist natürlich, denn der Baum an sich ist Natur. „Natürlich" bedeutet also, dass es aus einem natürlichen Rohstoff „also Holz" gewonnen wird und nicht von Beeren kommt.

Wer sein Essen ausschließlich aus frischen Lebensmitteln zubereitet, wird mit dem Thema Lebensmittelzusatzstoffe selten konfrontiert. Aber wer macht sich noch die Arbeit, immer mit frischen Lebensmitteln zu kochen?

Viele abgepackte Lebensmittel und Fertiggerichte enthalten Zusatzstoffe. Auch Getränke, die nicht ausschließlich aus Wasser oder Fruchtsaft bestehen, enthalten viele Zusatzstoffe. Selbst ein Grundnahrungsmittel wie Butter darf zum Beispiel mit E 160a gefärbt werden. Hinter dem „E-160a" verbirgt sich der Pflanzenfarbstoff Carotin. Dieser Stoff soll bei Butter für die gelbliche Farbe sorgen und das schnelle „ranzig werden" verhindern.

Wussten Sie, dass in Ihrem Essen Aromastoffe und Geschmacksverstärker lauern, die auch als Insektengift verwendet werden und im Tierversuch eindeutig krebserregend waren? Quelle:
www.utopia.de/ratgeber/was-steckt-drin-insektengift-im-essen-aromastoffe-geschmacksverstaerker-ernaehrung

Wenn es nach der Werbung geht, dann gibt es überhaupt keine Lebensmittel, die in irgendeiner Form der Gesundheit schädlich werden könnten.
Dass viele Lebensmittelhersteller in ihrer Werbestrategie auf psychologische Täuschung und grenzwertige Halbwahrheiten setzen, ist leider in den meisten Fällen erlaubt. Das ändert aber nichts an der Fragwürdigkeit der Vorgehensweise.

Die Werbestrategie setzt auf „natürliche Aromen", die sehen aber anders aus, als wir sie uns vorstellen.

Z. B. Himbeeraroma (Himbeerjoghurt) wird aus Zedernholzöl hergestellt oder Kokosaroma aus natürlichen Schimmelpilzen. Eine umfangreiche Liste von Lebensmitteln, die mit zweifelhaften Aussagen beworben werden lässt sich sowohl auf der Seite der Food Watch als auch auf deren Tochterseite www.abgespeist.de finden.

Das eigentliche Verbrechen ist, dass es keine Gesetze gibt, die die Praxis der Verfälschung von Lebensmitteln verbieten.

Nüsse: Heilkräfte aus der Natur

Nüsse schützen das Herz und den Kreislauf, sie helfen gegen Kopfschmerzen und stärken das Gedächtnis. Es wird ihnen nachgesagt, dass sie Lungenkrebs vorbeugen und die Haut vor Faltenbildung schützen können.

Nüsse sind eine ausgezeichnete Quelle für Magnesium, Kupfer und Kalium und sind reich an Vitaminen, Mineralstoffen, Spurenelementen, Eiweiß und Fett.

Z. B. Die Cashewkerne wurden im 16. Jahrhundert in Brasilien entdeckt und werden heute in Indien angebaut. Sie sind reich an Vitamin E.

Macadamia-, Hasel-, Wal-, Pekan-, Para-, Erdnüsse, Mandeln, Cashewkerne und Pistazien haben einen hohen Anteil an mehrfach ungesättigten Fettsäuren und senken den Cholesterinspiegel. Durch den hohen Gehalt an Fettsäuren und Vitamin E putzen sie die Gefäße und mit vier kleinen Portionen pro Woche senkt man das Risiko für einen Herzinfarkt.

Die Macadamianüsse haben ihren Ursprung in Australien – heute werden sie meist auf Hawaii angebaut und sie haben den höchsten Anteil an mehrfach ungesättigten Fettsäuren. Man sollte sie aber nicht zu lange aufbewahren, denn sie werden schnell ranzig.

Die Haselnuss zählt nicht zu den Heilpflanzen, sie enthält aber viel Fett, Eiweiße, Kalzium, Eisen und die Vitamine A, B1, B2 und sie ist wie alle anderen Nüsse auch, von hohem gesundheitlichem Wert.

Die Walnuss, die eigentlich aus Asien stammt, wird heute in ganz Europa angebaut. Schon 100 g der Nüsse decken ¼ des Tagesbedarfs an Eisen und Kalium.

Pekannüsse heilen Entzündungen und sie kommen ursprünglich aus Nordamerika. Sie sind reich an Omega-3-Fettsäuren.

Paranüsse wachsen auf 50 Meter hohen Bäumen im Regenwald. Schon 6 Nüsse enthalten viele Proteine.

Die Erdnuss gehört zu den Hülsenfrüchten und enthält viel Magnesium. Sie ist ein Wundermittel gegen Migräne und Rückenschmerzen.

Die Mandel wird vor allem in den USA angebaut und es wird ihr nachgesagt, dass sie den Blutzuckerspiegel senkt und Heißhungerattacken verhindert.

Cashewkerne wurden im 16. Jahrhundert in Brasilien entdeckt und werden heute in Indien angebaut. Sie sind reich an Vitamin E.

Pistazien kommen aus den USA, Iran oder aus der Türkei. Sie sind reich an Vitamin E, das das Lungenkrebs-Risiko senkt.

Wer maßvoll und regelmäßig zu den knackigen Schalenfrüchten greift, unterstützt die Gesundheit von Herz und Gefäßen. Das macht sie auch für eine Low Carb Ernährung sehr interessant, egal ob im Büro, auf Reisen oder einfach zwischendurch – sie sind ideal für diese Ernährungsform.

Die Wirkung von Ballaststoffen

Ballaststoffe bestehen aus Kohlenhydraten und gehören zur Familie der Polysaccharide, also zu den Mehrfachzuckern. Sie kommen in pflanzlichen Lebensmitteln, wie in Getreide, Obst, Gemüse und Hülsenfrüchten vor.

Allerdings können Ballaststoffe nur teilweise im Darm verdaut werden. Das liegt zum einen daran, dass ihm möglicherweise ein wichtiges Verdauungsenzym oder ein Transportmittel für die Beförderung durch die Zellwand aus dem Darm in die Darmschleimhaut fehlt. So die Erkenntnis der Wissenschaft.

Sie verursachen bei reichhaltiger Aufnahme Blähungen und Durchfälle.

Vor allem bei Rohkost ist der Darm (über)gefordert. Er muss sich fürchterlich anstrengen um an die Inhaltstoffe zu gelangen, dabei werden vermehrt Darmgase gebildet.

Schmerzhafte Blähungen sind dann die Folge.

Ballaststoffe sind in der Lage schädliche Stoffe im Darm zu binden und auszuscheiden, darüber hinaus tragen sie die lebensnotwendigen Vitamine und Mineralstoffe in sich, die der Körper für ein gesundes Dasein braucht.

Besser sind Ballaststoffe in Form von gedämpftem, gekochtem oder gebratenem Gemüse/Obst.

Es ist für den Darm leichter, so an die essenziellen Stoffe zu gelangen.

Das sieht beim Getreide wieder ganz anders aus. Sie enthalten zwar Ballaststoffe, dennoch sollte man nur wenig davon essen. Der Grund hierfür liegt in der Getreidestärke. Insbesondere mit der Kombination von Fruchtzucker, führt es zu einer Vergärung im Darm. Es entstehen Blähungen mit Durchfällen.

Die antibakterielle Eigenschaft vieler Gewürze

Unter Gewürzen werden Teile von Pflanzen verstanden, die wegen ihres natürlichen Gehaltes an Geschmacks- und Geruchsstoffen als würzende oder geschmacksgebende Zutaten bei der Zubereitung von Speisen und Getränken aller Art eingesetzt werden. Quelle: Wikipedia „Gewürze".

Der Körper reagiert auf die Schärfe und schüttet Endorphine aus. Diese sind für das angenehme Gefühl zuständig.

Forschungen haben ergeben, dass der Einfluss der im Chili enthaltenen Substanz Capsiacin Wärme im Körper produziert. Dadurch ist ein scharfes Essen auch ein wirksames Mittel gegen Erkältungen.

Die antibakterielle Eigenschaft vieler Gewürze (Nelken, Pfeffer, Ingwer, Oregano, Thymian) tötet so manche Bakterien ab. Der Chilischote wird auch nachgesagt, dass sie eine schmerzstillende Wirkung hat.

Rheumatische Beschwerden lassen sich mit Hilfe von Capsiacin-Pflastern behandeln.

Bioaktivstoffe Vitamine Spurenelemente

Brokkoli

Das Gemüse Brokkoli steht auf Platz eins der zehn Gemüse, die zur Vorbeugung von Krebs empfohlen werden. Es enthält fünfmal so viel Kalzium, zweimal so viel Eisen, fünfzehnmal so viel Karotin und viermal so viel Vitamin C wie der Blumenkohl. Und er hat viel Vitamin C, B-Vitamine und Folsäure.

Es ist ein Extrakt aus Brokkolisprossen, das eine besondere starke krebshemmende Wirkung besitzt, berichten amerikanische Forscher.

Das Gemüse hat außerdem eine Substanz, welche die Haut vor schädlicher UV-Strahlung schützt. Yuesheng Zhang vom Roswell Park Cancer Institute in Buffalo erklärt, dass die Krebsschutzwirkung einiger Gemüsesorten zum Teil auf ihrem hohen Gehalt an Isothiocyanaten beruht.

Diese Inhaltsstoffe werden mit dem Urin ausgeschieden, sie entfalten sich also in besonderem Maß im Blasengewebe.

So enthalten Brokkolisprossen zirka 30 Mal mehr Isothiocyanate als das reife Gemüse.

Weitere Quelle: Patienteninformation zu dem Brokkoli-Inhaltsstoff Sulforaphan und weitere wertvolle Tipps für eine gesunde Ernährung:

Heidelberger Klinikum (für Patienten.111688.0)

Chicorée

Schon bei den Griechen und Römern wurde die Chicorée als Heilmittel genutzt.

Die Bitterstoffe regen die Magensäfte und den Gallenfluss an und senken den Blutzuckerspiegel. Die Entgiftungsfunktion der Leber und die Verdauung werden angekurbelt und die Bitterstoffe helfen den Säure-Base-Haushalt im Körper zu regulieren.

Die Pflanze enthält Vitamine der B-Gruppe, Vitamin C, Provitamin A, Folsäure, Natrium, Kalium, Magnesium, Calcium, Eisen und Phosphor. Außerdem Mineralstoffe, die für die Blutbildung verantwortlich sind und den Muskel- und Knochenaufbau unterstützen.

Die Tiernahrungsindustrie weiß diese Pflanze auch zu schätzen. Chicorée-Extrakt wird zum Beispiel als Zusatz in hypoallergenem Hundefutter verwendet.

Weitere Quelle: www.lifeline.de/ernaehrung-fitness/Chicorée-salat-gemuese-id121899.html

Mangold

Der Mangold kommt wie das meiste Gemüse aus dem Mittelmeerraum. Es ist seit dem 13. Jahrhundert auch in Deutschland heimisch.

Die großen Blätter eignen sich hervorragend zum Füllen oder als Wickel. Er ist sehr kalorienarm und verfügt über einen hohen Gehalt an Vitamin C, Kalium, Calcium, Magnesium, Eisen, Folsäure, Vitamin B1, B2 und Beta-Carotin.

Im Mangold ist auch eine Reihe bioaktiver Substanzen enthalten, denen verschiedene krankheitsvorbeugende Wirkungen zugesprochen werden.

Durch die hohe Menge an Pflanzenfarbstoffen (Karotene) werden die Zellen und Schleimhäute unseres Körpers geschützt und gelten als wirksame Helfer gegen Krebs.

Mangold belebt das Gehirn, schützt die Nerven und wirkt Konzentrationsstörungen entgegen.

Weitere Quelle: www.apotheken-umschau.de/Mangold

Paprika

Die Paprika sind im unreifen Zustand grün, werden mit zunehmendem Reifegrad gelblicher und rötlicher und damit auch süßlicher. Es ist aber egal ob sie rot, gelb oder grün sind, die Inhaltstoffe der Paprika unterscheiden sich nur wenig voneinander.

Sie sind reich an Zink, Kalium, Magnesium, Calcium, Vitamin A, B und C. In der roten Paprika ist der Vitamin C-Gehalt im Vergleich zu andersfarbigen Paprika besonders hoch.

Schon von den amerikanischen Ureinwohnern wurde die Frucht als Heilmittel gegen Arthrose verwendet. Heute werden die Wirkstoffe der Paprika in den ABC-Pflastern, die zur Linderung von rheumatischen Schmerzen benutzt werden, verwendet.

Auch bei Migräne und Hexenschuss wird die capsaicinhaltige Paprika eingesetzt.

Weitere Quelle: magazin.gartenzeitung.com/Gesundheit-und-Ernaehrung/Paprika-hilft-gegen-Migrane.html

Rettich

Der Rettich gilt als reinigend bei Darmpilzen, bei Entzündungen der Harnblase und Lunge. Der Rettich stellt vor allem bei bakteriellen Atemwegs- und Harnwegsinfektionen eine wirksame und gut verträgliche Alternative zu chemischen Antibiotika dar.

Die in der Meerrettichwurzel enthaltenen Senfölglykoside (Glycosinolate) scheinen gegen bakterielle Krankheitserreger hilfreich zu wirken. Es wirkt so ähnlich wie ein Antibiotikum. Eine aktuelle Untersuchung konnte belegen, dass Senfölglykoside sogar gegen Grippeviren wirken. Laut Prof. Stephan Pleschka vom Institut für medizinische Virologie der Universität Gießen wird die Vermehrung des Influenzavirus durch Senföle aus Kapuzinerkresse und Meerrettich um etwa 90 Prozent gehemmt.

Im Gegensatz zu anderen Maßnahmen entwickeln sich keinerlei Resistenzen gegen die Wirkstoffe aus dem Meerrettich.
Weitere Quelle:
www.fid-gesundheitswissen.de/pflanzenheilkunde/rettich/

Rote Bete

Die Rote Bete enthält Vitamin B und Folsäure. Sie dient auch als Lebensmittelfarbstoff (E162) z. B. bei Heringssalaten. Sie enthält viel Oxalsäure.

ACHTUNG: Wer zur Bildung von Nierensteinen neigt, sollte Rücksprache mit seinem Arzt halten und die Rote Bete nur in geringen Mengen verzehren.

Bereits vor 2000 Jahren verwendete man sie als Nahrungsquelle sowie als Heilpflanze.

Die Rote Bete hat einen süß-sauren Geschmack und kann roh für Salate verwendet werden oder gekocht als Gemüsebeilage. Der Saft von Rote Bete kann schnell einen hohen Blutdruck senken. Empfohlen wird täglich ein halber Liter. Bereits nach einer Stunde kann man die blutdrucksenkende Wirkung feststellen. Die Wirkung hält bis zirka 23 Stunden an.

Weitere Quelle: Eine englische Studie bei 14 (!) Freiwilligen hat gezeigt, dass das Trinken von ½ Liter Rote Bete-Saft den systolischen Blutdruck 24 Stunden lang um etwa 5 mmHg senkt.

Weitere Quell: www.herzstiftung.de/Rote-Bete-Wirkung-auf-den-Blutdruck.html

Spargel

Der Spargel ist reich an wertvollen Inhaltsstoffen und enthält viele wichtige Vitamine und Mineralstoffe wie Vitamin A, C, B1, E, Kalzium, Kalium, Magnesium und Phosphor sowie Spurenelemente wie Eisen und Zink.

Die im Spargel enthaltene Asparagusinsäure wirkt harntreibend und sie sorgt für eine entwässernde und blutreinigende Wirkung.

Studien weisen darauf hin, dass sekundäre Pflanzenstoffe, wie z. B. die Saponine, auf manche Krebszellen hemmend wirken. Unangenehm ist, dass der Spargel den Urin vieler Menschen nach dem Verzehr ziemlich übel riechen lässt.

Der Spargel wirkt harntreibend, die Stangen bestehen aus 90 Prozent Wasser und enthalten viel Kalium sowie Asparagusinsäure. Mit dieser Säure schützt sich der Spargel vor Bakterienbefall.

Der polnische Chemiker Marceli Nencki machte Ende des 19. Jahrhunderts das Molekül Methanethiol für den übel riechenden Urin verantwortlich, das in leichten Variationen auch im Drüsensekret des Stinktiers enthalten ist. Es kann erblich bedingt sein, wenn der Körper Asparagusinsäure zu stinkenden Schwefelverbindungen verstoffwechselt.

Weitere Quelle:
www.pharmazeutische-zeitung.de/index.php?id=29757

Spinat

Spinat galt lange Zeit als Eisenlieferant Nummer Eins. Der Glaube beruht auf einem einfachen mathematischen Fehler. Ein Wissenschaftler setzte das Komma hinter der Null falsch und schon glaubte man, Spinat würde eine riesige Menge an Eisen enthalten.

Der Spinat enthält drei bis vier Gramm Eisen, Linsen dagegen doppelt so viel. Trotzdem ist der Spinat gesund. Er soll gegen Fieber, Blähungen, Entzündungen, und Nierensteine helfen und die Samen gelten als Abführmittel. In der Naturheilkunde wird der Spinat zur Behandlung von Verdauungsbeschwerden, Müdigkeit und Blutarmut eingesetzt.

Wer Spinat am nächsten Tag wieder aufwärmen will, sollte das Gericht möglichst schnell abkühlen und anschließend im Kühlschrank lagern. Aufgewärmter Spinat schadet Erwachsenen nicht, Kleinkinder hingegen sollten keinen aufgewärmten Spinat bekommen, und Säuglinge dürfen überhaupt keinen Spinat essen.

Weitere Quelle:
www.spiegel.de/wissenschaft/medizin/nitrate-im-gemuese-spinat-macht-stark-a-743072.html

Tomate

Die Tomate stammt ursprünglich aus Süd- und Mittelamerika und wurde durch Kolumbus gegen Ende des 15. Jahrhunderts nach Europa gebracht.

Sie bietet Schutz gegen koronare Herzerkrankungen und Arteriosklerose. Es ist die Substanz Lycopin. Das ist ein spezielles Carotinoid mit antioxidativen Eigenschaften. Der sekundäre Pflanzenstoff schützt die Zellmembranen.

Tomaten sind kalorienarm und neben dem Lycopin sind sie reich an Vitamin C, Kalium, und wichtigen Spurenelementen. Das Lycopin ist in Tomaten hoch dosiert und fängt Radikale im Körper ab. Es verhindert so, dass sie die Zellen schädigen. Wissenschaftlich heißen Tomaten „Solanum lycopersicum".

In der EU ist Lycopin als Lebensmittelfarbstoff E 160d zugelassen.

Weitere Quelle: Lange kritisch beäugt und doch gesund: Ketchup! Ja, wer hätte das gedacht – Ketchup ist gesund. Und nicht nur das. Die rote Soße ist ein wahrer Jungbrunnen und schützt vor so manchen Krankheiten.

Wer täglich Tomatenprodukte isst oder trinkt, tut seiner Gesundheit etwas Gutes, so Professor Venket Rao von der Medizinischen Fakultät der Universität in Toronto.
www.zeit.de/wohlfuehlen/ketchup

Zwiebel

Zum Beispiel hat die Zwiebel viele gesundheitsfördernde Wirkungen. So enthält sie Sulfide (Schwefelverbindungen), die antikanzerogene Effekte haben – also, krebsvorbeugend sind. Sie können unter anderem den Zuckerstoffwechsel und den Cholesterinspiegel positiv beeinflussen.

In der Zwiebel stecken also ungeahnte Heilkräfte! Ihre desinfizierende Kraft wurde schon im Mittelalter zum Schutz gegen Pest und Cholera genutzt. Die Zwiebel galt schon beim Bau der ägyptischen Pyramiden als Geheimnis der Stärke und Vitalität und die Arbeiter wurden gut mit Zwiebeln sowie auch mit Rettich versorgt.

Für das Entstehen der Altersflecken soll Zinkmangel mit ein Grund sein. Hier haben Wissenschaftler vom East Birmingham Krankenhaus in England berichtet, dass bei Verzehr zinkreicher Nahrungsmittel, wie z. B. Zwiebeln, die Flecken weitestgehend wieder verschwinden.

Weitere Quelle: Schutz vor Vampiren und Gefäßverschluss (von Gunter Metz, Blaubeuren)

Zitat: Teils kuriose Schwefelverbindungen sind für die Knoblauchfahne oder tränenden Augen beim Zwiebelschälen verantwortlich. Man schreibt den meist sekundären Abbauprodukten auch verschiedene klinische Wirkungen zu. An ihrem Wirkprinzip sind jedoch Zweifel angebracht.
www.pharmazeutische-zeitung.de/index.php?id=22087

Wissenswertes über aphrodisische Lebensmittel

Die Patronin der Schönheit und der Liebe „Aphrodite", war eine der wichtigsten altgriechischen Gottheiten und ist die Taufpatin der so genannten Aphrodisiaka.

Hinter diesem Wort verbergen sich Substanzen oder Nahrungsmittel, die eine bestimmte Eigenschaft haben. Sie sollen die Lust an der Lust steigern.

Die aphrodisischen Lebensmittel und Kräuter kurbeln die Produktion von Glückshormonen (sogenannter Serotonine) an und sorgen so für Glücksempfindungen.

Viele dieser Lebensmittel haben auch einen sehr hohen Anteil an Vitaminen, Mineralien und Eiweiß. Erfahren Sie nun mehr über Lebensmittel, die die Lust wecken.

Alkohol

Wenn der Alkohol richtig dosiert wird, kann er ein wahres Aphrodisiakum sein, denn er regt die Lustzentren im Zwischenhirn an und dämpft Hemmungen. Wenig Alkohol ist hier das große Zauberwort!

Bitte keine hochprozentigen Drinks; greifen Sie lieber zu Champagner oder Schaumwein. Sie stimulieren durch ihre perlenden Eigenschaften die Nerven im Mundraum und auf der Zunge. Die prickelnde Kohlensäure sorgt dafür, dass der Alkohol schneller ins Blut geht.

Auster

Austern sind schon lange als Aphrodisiakum bekannt. Zwar bestehen sie zu über 80% aus Wasser, aber der Rest bietet eine Fülle wertvoller Nährstoffe. Sie enthalten viel Eiweiß, wenig Fett, Eisen, Kalzium, Jod, Vitamin A und B und außerdem Zink (ein wichtiger Nährstoff für die Bildung von Testosteron: männliches Sexualhormon).

Ein Mangel an Zink kann bei Männern zu Unfruchtbarkeit und Impotenz führen. Casanova soll die sinnlichen Meeresfrüchte bereits zum Frühstück verspeist haben. Der Blick in das Innere der Früchte weckt Assoziationen an eine Vulva.

Basilikum

Das Basilikum, auch Königskraut genannt, ist eine Gewürzpflanze. Besonders zusammen mit Tomaten entfaltet es sein unvergleichliches Aroma. Als starkes Aphrodisiakum wurde es früher von Frauen als verführerisches Parfüm verwendet, um ihre Männer vor Begierde wild zu machen. Es stärkt nicht nur die Verdauungsorgane, sondern beruhigt auch die Nerven, lindert Migräne und wirkt antibakteriell und schützt so vor Krankheiten die bereits gegen Antibiotika resistent sind.

Bärlauch

Bärlauch ist ein grünes Waldkraut, das vom Geruch her an Knoblauch erinnert. Er enthält viele schwefelige Inhaltsstoffe und gilt als die schwefelreichste Pflanze Europas. Der wilde Bärlauch wird in der Naturmedizin auch als Hexenzwiebel bezeichnet. Schon im Mittelalter sprach man ihm Heilkräfte zu. Vor allem sexmüde Männer sollen von ihm profitiert haben. Der Adenosingehalt des Bärlauches ist fast 20-fach höher als in Knoblauch. Adenosin hat die positiven Eigenschaften der Vitamine A und C und des Mineralstoffes Selen. Der Bärlauch ist das reinste Labsal gegen Zivilisationskrankheiten. Vitamin C, Magnesium, Eisen und Mangan schenken Kraft und Ausdauer. Ein zehntausendstel Gramm Allicin haben die gleiche Wirkung wie 25 Einheiten Penicillin. Dies wurde schon im Jahre 1944 in einer amerikanischen Studie bewiesen. Damit gilt er als natürliches Antibiotikum. Allicin ist das Umsetzungsprodukt der in Knoblauch vorkommenden nichtproteinogenen Aminosäure Alliin.

Chili

Es gibt weltweit mehr als 1000 verschiedene Chilisorten. Die kleinen Schoten (Beerenfrüchte) sind nicht nur scharf, sondern auch gesund und kommen ursprünglich aus Südamerika. Es ist das schärfste aller Gewürze und gilt absolut als Scharfmacher beim Thema Sex. Sein heißes Feuer entsteht durch Alkaloide und Capsaicin.

Schon eine kleine Priese Chiliflocken reicht aus, um das Lustempfinden anzukurbeln. Die Schärfe reizt im Rachenraum Nerven, die dieses Signal an das Gehirn weitergeben und die Ausschüttung von Glückshormonen bringt Genießer in Stimmung für Sex. So sorgt das Gewürz dafür, dass der Körper Opiate ausschüttet und die Durchblutung der Schleimhäute anregt. Verschiedene Vitamine und Nährstoffe wie zum Beispiel das Vitamin A, E und B12 der Chili halten die weibliche Libido in Bewegung. Neben den bereits aufgezählten Vitaminen enthalten die Schoten das für den Eiweißstoffwechsel wichtige Vitamin B6, die Vitamine B1, B2 und das Vitamin P, das die Blutgefäße stabilisiert.

Ei

Das Ei gilt überall auf der Welt als das Symbol für Fruchtbarkeit. Es enthält Cholesterin, essenzielle Fettsäuren, Vitamine und Mineralstoffe, die für das Wachstum gebraucht werden. Das Eiklar unterstützt die Produktion und Funktion von Spermien und Ejakulat, der Dotter enthält Vitamin A, B, K sowie Fette, die Kraft und Ausdauer spenden. Außerdem steckt im Eidotter noch Lecithin, das die Leber und die Dickdarmschleimhaut schützt. Noch vor einigen Jahren wurde vor Eiern gewarnt. Neuere Studien belegen jedoch, dass Hühnereier schlank machen und gesund sind. Wie hoch ein gesunder Cholesterinspiegel sein darf, hängt vom Alter ab. Kinder und Jugendliche dürfen einen Wert von 175 Milligramm pro Deziliter (Durchschnitt) haben und die 50-Jährigen einen Wert von etwa 250. Als Faustregel gilt: 200 plus Lebensalter.

Enzian

Er regelt die Geschlechtsdrüsen und wirkt je nach Typ entweder belebend oder dämpfend. Es gibt mehr als 100 verschiedene Enzianarten. Der gelbblühende Enzian verdankt seinen Namen angeblich einem König von Illyrien, der seine fiebersenkende Wirkung entdeckte. Nach Kneipp ist der Enzian, neben Salbei und Wermut, eine von drei Pflanzen, die in jeden Garten gehören. Er verbessert das Blutbild und wirkt ausgleichend auf die weißen und roten Blutkörperchen.

Erdbeere

Das Rosengewächs ist botanisch gesehen keine Beere, sondern eine Sammelnussfrucht. Das leckere rote Fruchtfleisch ist nur eine Scheinfrucht, während die eigentlichen Früchte der Erdbeere die kleinen gelben Körner an der Oberfläche sind. Die aphrodisierende Wirkung der Erdbeere ruft das Sexualhormon Testosteron hervor und der süße Geschmack regt die Geschmacksnerven an, welche die Produktion von Glückshormonen fördert. Erdbeeren verfügen über einen hohen Kaliumgehalt, Vitamin C, B1, B2 und ihr Eisengehalt hilft beim Aufbau von roten Blutkörperchen.

Feige

Die Feige (Ficus) ist die einzige Gattung der Tribus Ficeae aus der Familie der Maulbeergewächse (Moraceae). Kaum eine Frucht ist sinnlicher als die Feige. Sie ist ein kulinarisches Gemüse und steckt voller gesunder Inhaltsstoffe. Die Feige sieht etwas aus wie ein Hodensack und weckt schon beim Ansehen sexuelle Fantasie. Schneidet man die Frucht auf, ähnelt sie einer Vulva. In Afrika gelten Feigen heute noch als natürliche Aphrodisiaka. Ihr hoher Gehalt an Eisen, Kalzium, und Phosphor machen sie zu einem optimalen Energiespender. Der Phosphor gilt als Lustbringer, der den Stoffwechsel stimuliert und die Erregbarkeit steigert.

Fenchel

Er enthält eine östrogenähnliche Substanz (Estragol), die das sexuelle Verlangen bei Frauen erhöht und den Männern verhilft er zu mehr Ausdauer bei der Liebe. Der Fenchel versorgt den Körper jedoch in erster Linie mit vielen Vitaminen und wertvollen Aminosäuren. Diese stärken die Nerven, das Immunsystem und lindern Blasen- und Prostatabeschwerden. Das aromatisch duftende Gemüse enthält ätherische Öle, die auf die Psyche wirken sollen.

Granatapfel

Im biblischen Paradies sollte bereits Eva ihrem Adam einen Granatapfel überreicht und damit den Sündenfall provoziert haben. Die Früchte des Granatapfelbaums sind in der griechischen Sage Symbole der Göttin Aphrodite. Wenn man die Früchte aufbricht, erinnert das kernige und rote Fruchtfleisch an eine erregte Vulva. Sie soll auch bei Erektionsstörungen helfen. Die Frucht enthält Vitamin C, B, Mineralstoffe wie Kalzium, Phosphor, Eisen und Kalium, das für die Funktion von Nerven und Muskeln wichtig ist.

Ingwer

In der indischen Küche ist die scharfe Gewürzknolle ein fester Bestandteil. Die Auswirkungen dieser Knolle kommen durch die ätherischen Öle des Ingwers, vor allem Gingerol und Ingiberol spielen dabei eine große Rolle. Seine ätherischen Öle regen den Appetit an und helfen auch bei der Verdauung. Es heißt auch, dass die Produktion der Spermien verbessert werden. Es heißt nicht umsonst, dass Kochen und Essen eine Leidenschaft sind. Schon lange wird in der ayurvedischen Medizin Ingwer zur Stimmungsaufhellung und zum Entfachen der Lust genutzt. Außerdem löst Ingwer Antriebslosigkeit und füllt den Körper mit Energie und Vitalität. Das feurige Gewürz fördert die Durchblutung und regt den Appetit in vielseitiger Weise an - auch auf den Partner.

Kaffee

Im 16. Jahrhundert galt der Kaffee als Aphrodisiakum, nicht als Genussmittel oder Getränk. Koffein, Nicotinsäure und Theobromin wirken leicht stimmungsaufhellend. Zirka 1000 zusätzliche Inhaltsstoffe sollen die gerösteten Bohnen haben und wer zu viel Kaffee genießt, könnte in einen regelrechten Koffeinrausch geraten.

Der Kaffee mit seinem angenehm bitteren Aroma, regt die sexuelle Aktivität an.

Kardamom

Kardamom gehört zu den edelsten und teuersten Gewürzen und die getrockneten Samen der Kardamomstaude gelten im Orient als starkes Liebesmittel. Es ist dem würzigen und leicht süßlichen und intensiven Geschmack zu verdanken, dass Kardamom als anregend bezeichnet wird. Seine enthaltenen ätherischen Öle regen die Psyche an und wirken auch auf die Potenz des Mannes.

Kokosnuss

Seit vielen tausenden von Jahren ist die Vielfalt der Kokosnuss bekannt und heute noch gilt sie als Stärkungsmittel und Aphrodisiakum. Sie enthält einen großen Samen (fettreiches Fleisch und aromatische Milch). Ätherische Öle sowie auch die B-Vitamine sollen die Potenz und die Begierde der Frau steigern.

Kürbis

Der Kürbis ist eine der wichtigsten Kulturpflanzen der früheren Kulturen Amerikas. Betrachtet man den Kürbis genauer, erinnert er an die weiblichen Rundungen der Frau.

Für die Indianer galt der Kürbis mit seinen unzähligen Kernen als Symbol für unendliche Fruchtbarkeit. Er ist ein kalorienarmes, vitamin- und mineralstoffreiches Nahrungsmittel. Vertreten sind: Provitamin A, Vitamin C, B1, B6, Kieselsäure Zink, Selen, Eisen, Magnesium, essentielle Fettsäuren und Betacarotin.

In der Naturmedizin verwendet man Kürbiskernöl gegen Blasen- und Prostatabeschwerden. Für 1 Liter reines Kürbiskernöl werden 25 bis 30 Kürbisse benötigt.

Muskatnuss

Schon im 16. Jahrhundert war die Muskatnuss in Indien, Arabien und China wegen ihrer berauschenden Wirkung begehrt und kam dann im Mittelalter nach Europa. Der Hauptwirkstoff Myristicin im Muskat wirkt stimulierend auf die Libido und dieses erotisierende Öl in der Nuss ist vermutlich auch deshalb eine Substanz, die für die Herstellung von Ecstasy verwendet wird. Das fein geriebene Pulver (Nur eine Prise – es kann zu Kopf- und Magenschmerzen führen) verstärkt die Alkoholwirkung in einem Drink. Bitte vorsichtig dosieren, sonst droht eine Vergiftung! Generell wird bei einer sparsamen Verwendung keine akute Vergiftung möglich sein. Im Mittelalter würzte man auch Milch und Wein mit der Muskatnuss, um die Lust auf die Liebe anzukurbeln.

Petersilie

In Zeiten von Burnout und Hektik sowie Rheuma, Diabetes, Darmerkrankungen, Menstruations- und Wechseljahresbeschwerden legt man immer mehr Wert auf natürliche Heilmittel. So gilt schon seit dem Altertum die Petersilie als hochpotentes Aphrodisiakum. Dieses eigentlich total gewöhnliche Gartenkraut hat es in sich, da es ätherische Öle enthält. Die entsprechenden Wirkstoffe (Apiol: stärkt die Blase) stecken in der Wurzel (nicht in den Blättern). Damals hießen in manchen Orten gewisse Gegenden (Rotlichtmilieu – Straßenstrich) „Petersiliengassen". Dies ist kein Wunder, denn in Petersilie und Petersilienwurzeln stecken bis zu sechs Prozent eines ätherischen Öls, das erotisch anregend wirkt. ACHTUNG: Frauen in der Schwangerschaft sollten auf Petersilie verzichten! Petersilie kann zu einer Fehlgeburt führen. Ebenso kann eine große Menge an Petersilie die Schleimhäute reizen und zur Sensibilisierung gegenüber Licht führen.

Rettich

Das heilkräftige Frühlingsgemüse wurde schon im alten Ägypten geehrt. Die Erbauer der Pyramiden erhielten den Rettich als Nahrung, um gesund und stark die harte Arbeit zu verrichten. Er enthält viel Vitamin C, der Stoffwechsel wird angeregt und gilt bei Husten als schleim- und krampflösend. Im Mittelalter wandte man den Saft auch äußerlich an. So wurde der Penis mit dem Saft abgerieben und man erhoffte sich damit eine dauerhafte Erektion. Bitte probieren Sie dies nicht aus, denn der Saft kann die Haut extrem reizen.

Rosmarin

Die Heilpflanze ist im Mittelmeerraum heimisch, wird aber auch in Deutschland angebaut. Das verdauungsfördernde, spasmolytische und köstliche Kraut wird mit der Liebesgöttin Aphrodite in Verbindung gebracht. Er spielt bei der Behandlung von niedrigem Blutdruck eine wichtige Rolle. Man sagte sich im Mittelalter, wenn eine junge Frau dem Blick ihres Liebsten sicher sein wollte, sollte sie sich einen Zweig des Strauches in ihr Dekolleté stecken. In der ARD-Fernsehserie „Sturm der Liebe" galt der Rosmarinstrauch als Liebessymbol von Robert und Miriam.

Safran

Safran gilt in der traditionellen Heilkunde Indiens und auch in der islamischen Welt als Aphrodisiakum. Die alten Griechen überlieferten, dass es die sinnliche Begierde des weiblichen Geschlechtes anregt. In der ayurvedischen Medizin ist es das wichtigste Liebesgewürz. Als Tee oder Wein steigert Safran die Sinnlichkeit im erotischen Bereich und regt aufgrund seiner enthaltenen ätherischen Öle den Kreislauf an.

Sellerie

Sellerie regt mit seinen ätherischen Ölen und insulinähnlichen Stoffen Drüsen und Stoffwechsel an. Man verwendet die intensiv schmeckende Knolle als Gemüse oder getrocknetes Gewürz. Im Mittelalter war sie bekannt als eines der wichtigsten Zutaten für Liebesgetränke. Wahrscheinlich ist die im Sellerie enthaltene Substanz Butylphthalid mit verantwortlich für die erotisierende Wirkung. Die Wissenschaft konnte sich die offensichtlich aphrodisierende Wirkung der Knolle lange nicht erklären. Es scheint an den Pheromonen zu liegen, die den Sexuallockstoffen im Achselschweiß ähneln. Außerdem wirkt Sellerie harntreibend und potenzsteigernd. Die Naturmedizin setzt ihn gegen sexuelle Unlust und Impotenz ein.

Spargel

(Siehe auch Beschreibung unter Gemüse). Das kalorienarme Frühlingsgemüse gilt schon wegen seines phallusartigen Aussehens als Aphrodisiakum. Der Spargel enthält Vitamin E, Mineralstoffe, Folsäure, Zink und Asparagin. So liefert der Spargel viel Energie für größere sexuelle Ausdauer und regt die Bildung von Geschlechtshormonen an.

Trüffel

Bereits die Babylonier kannten den Trüffel im Jahre 3000 vor Christus schon. Unter Feinschmeckern sind vor allem Frankreich und Italien für ihre Trüffelernte bekannt, aber man findet sie auch in Deutschland. Es gibt über 100 verschiedene Trüffelsorten, aber der bekannteste ist wohl der weiße Trüffel aus Alba in Piemont. Er ist das stärkste natürliche Aphrodisiakum und sein aromatischer Geruch zeichnet diesen unterirdisch wachsenden Pilz aus. Trüffel enthalten viele Aminosäuren, der Duft ähnelt dem des männlichen Pheromons oder Geschlechtshormons. Der Duft entspricht in seiner chemischen Zusammensetzung dem Sexualhormon eines Ebers. Aus diesen Gründen nehmen die Trüffelsucher immer ein weibliches Tier.

Vanille

Schon seit langer Zeit gilt die Vanille als Königin der Gewürze. Durch ihren Duft ruft sie Glücksgefühle hervor, die Stress und Angst vergessen lassen. Ihr süßes Aroma wirkt beruhigend und harmonisierend und lockt sanfte, ausdauernde Zärtlichkeit.

Ursprünglich stammt die Vanille aus den tropischen Wäldern Mexikos. Die Blüten der Pflanze sind grün-gelb und sie blüht nur einen Tag lang und dann wächst eine Schote mit Samen heran. Bevor diese reif ist, wird sie geerntet und fermentiert. Dadurch erhält die Vanille ihr Aroma. Elisabeth I. hat die Vanille im Jahre 1602 in die Liste der bei Hof erlaubten Gewürze aufgenommen und geadelt. In Frankreich hingegen hatte Kardinal Richelieu eine weitere Verwendungsmöglichkeit für die betörende Vanille entdeckt. Er ließ von ihr Duftkügelchen herstellen, mit denen er die Damen am Hofe Ludwig XIII. reihenweise becirct und verführt haben soll. Im 16. Jahrhundert berichtete ein spanischer Arzt „Francisco Hernandez de Toledo", dass die Indianer die Vanille gezielt als Stärkung für ihre Gehirne verwenden würden. Die Vanille ist fester Bestandteil vieler Parfums.

Low-Carb-Party Tipps

Wenn Sie eine Party oder einen Brunch für mehrere Gäste planen, sind Sie mit diesem Buch gut vorbereitet. Wir zeigen Ihnen, wie Sie mit unseren Rezepten den Geschmack Ihrer Gäste treffen. Von süß bis herzhaft, exotisch, deftig oder mediterran, brunchen ist geradezu ideal, um mit vielen verschiedenen Kleinigkeiten jedermanns Geschmack zu treffen.

Der Low Carb Brunch besteht hauptsächlich aus kohlenhydratarmen Speisen. Und natürlich können Sie für alle, die nicht nach Low Carb leben auch zusätzlich noch ein paar Speisen wie Kartoffelsalat, Nudeln oder Brot dazu reichen.

Das Wort „Brunch" setzt sich zusammen aus breakfast (Frühstück) und Lunch (Mittagessen). Im 17. Jahrhundert wurde erstmals über einen Brunch berichtet und wir verstehen darunter ein geselliges Zusammentreffen mit Freunden an einem späten Vormittag. Konkrete Vorschriften für den Brunch gibt es nicht, da alles an kalten und warmen Speisen serviert werden kann, was gefällt.

Bauen Sie die Tische für das Buffet in der Nähe eines Stromanschlusses auf, damit Sie Kochplatten, Warmhalteplatten, elektrischer Wok usw. anschließen können.

Sie können verschieden hohe Tische verwenden. Bauen Sie diese so auf, dass die hohen Tische hinter den niedrigeren stehen. Auch Schränke in dieser Höhe sind ideal.

Es gibt Papiertischdecken (auf einer Rolle) die Sie drauf legen können. Stimmen Sie Tischdecken, Blumen, Kerzen, Servietten und andere Deko-Elemente farblich oder thematisch auf die Jahreszeit oder den Anlass ab.

Wenn Sie draußen feiern, denken Sie bitte im Sommer an die Fliegen oder Wespen. Es gibt große Kerzen, die die Mücken abhalten. Kühlen Sie empfindliche Gerichte zusätzlich mit Hilfe von Kühlelementen. Laden Sie Ihre Gäste schriftlich oder mündlich ein und planen Sie dann auch, wer Ihnen dabei hilft. Was müssen Sie sich noch ausleihen? Haben Sie genug Tische, Stühle, Geschirr, Gläser, Besteck, Schüsseln, Servierplatten, Servietten oder Kerzen? Die Getränke können Sie ein paar Tage vorher schon besorgen und das Essen können Sie auch einen Tag vorher vorbereiten!

Low Carb auf Vorrat

Alles über das Einmachen/Einkochen:
Sie können Süßes, Saures oder Herzhaftes selbst in Gläser einmachen/einkochen und somit eine gewisse Zeit haltbar machen.
Zwischen Einmachen und Einkochen gibt es einen Unterschied: Das Einmachen und Das Einkochen

Das Einmachen
(Pasteurisieren) ist eine physikalische Methode, durch Hitze die Lebensmittel zu konservieren. Die Temperaturen liegen zwischen 70 und 90 Grad.
Empfohlen für: Obst, Säfte, Gelees, Marmelade.

Das Einkochen
(Sterilisieren) konserviert durch hohe Temperaturen.
Während des Einkochvorganges werden die rohen Lebensmittel im Ofen oder Einkochautomat bei 100 Grad eingekocht.
Empfohlen für: feste Obstsorten, Gemüse, Fleisch, Pilze sowie alle fetthaltigen Lebensmittel.
Zum Einkochen verwenden Sie einen Einkochtopf oder Einkochautomat. Das Einkochgut langsam auf 100 Grad erhitzen und die Temperatur solange halten, bis alles sterilisiert ist.
Die Gläser vor dem Einkochen sterilisieren. Für das Gelingen sind saubere Gläser und sauberes Zubehör Voraussetzung. Dazu werden die Gläser und Deckel nach dem Spülen in einen großen Topf gelegt. Sie müssen mit heißem Wasser bedeckt sein. Dann für 5 Minuten bei geschlossenem Deckel zum Kochen bringen.
Den Herd ausschalten und die Gläser bis zum Gebrauch im heißen Wasser liegen lassen.
Vor dem Füllen die Gläser mit Hilfe einer sauberen Küchenzange entnehmen und kopfüber auf einem sauberen Küchentuch abtropfen lassen.

Die Gläser auf ein feuchtes Tuch stellen, vorsichtig füllen und den Glasrand sofort von etwaigen Füllresten befreien (mit einem sauberen Tuch). Die Gläser werden anschließend gut verschlossen.

Bei den Einmachgläsern werden der Dichtring und die Halteklammer aufgesetzt. Die Gläser dann für zirka 30 Minuten bei 80 Grad in den Einkochtopf gestellt. Es eignet sich auch ein großer Kochtopf. Legen Sie ein sauberes Tuch in den Topfboden und stellen Sie die verschlossenen Gläser darauf. Füllen Sie bis kurz unter die Gläserdeckel Wasser in den Topf. Langsam aufkochen lassen. Zugedeckt leise sieden lassen (Es darf nicht sprudeln). Die Einkochzeit beginnt, wenn das Wasser im Topf siedet oder der Ofen die eingestellte Temperatur erreicht hat. Die Einkochzeit ist abhängig von Art und Menge des Inhaltes. Für weiches Einkochgut sind 30 Minuten meist ausreichend. Hartes Gemüse braucht länger.

Im Wasserbad „im Backofen" einkochen:
Legen Sie einen hohen Bräter oder Auflaufform mit einem sauberen Tuch aus. Die gefüllten und verschlossenen Gläser darauf stellen. Achten Sie auf genügend Abstand zwischen den Gläsern (sie dürfen sich nicht berühren). Die Auflaufform/Bräter zirka 2 cm hoch mit Wasser füllen. Auf 125 Grad erhitzen. Wenn Luftbläschen in den Gläsern nach oben steigen (zirka 30 bis 60 Minuten) ist die Einkochtemperatur erreicht. Jetzt den Wecker stellen und die Einkochzeit abwarten. Das Wasser darf nicht sprudeln, sonst könnten die Gläser durch den Überdruck zerplatzen.

Die Gläser zum Abkühlen noch einige Stunden im Backofen stehen lassen. Anschließend Gläser abtrocknen, beschriften und an einem dunklen trockenen Ort aufbewahren.

30 Minuten brauchen: festes Gemüse (wie Bohnen). 10 Minuten brauchen: weiches Obst (wie Äpfel oder Birnen).

Low Carb Eingemachtes „ohne Zucker" hält sich im Glas über Wochen. Geben Sie zu dem Gemüse etwas Essig, Wein oder Zitronensaft hinzu. Garen Sie hartes Gemüse (Karotten) vorher in etwas Salzwasser vor (nicht fertig garen).

Zum Einkochen wird nicht das Kochwasser, sondern frisches Wasser verwendet. Weiches Obst (Birnen und Kirschen) kommt ungegart in die Gläser. Es wird mit Flüssigkeit bis zirka 2 cm unter den Rand aufgefüllt. Etwas Luft bis zum Deckelrand lassen. Deckel, Dichtgummi und Glasrand müssen unbedingt sauber bleiben.

Wenn Sie nun vorhaben, Low Carb einzumachen oder einzukochen dann brauchen Sie:

Einmachgläser, saubere Tücher, Trichter mit großer Öffnung, und die Lebensmittel die Sie pasteurisieren möchten. Geeignet sind Gläser mit einem Schraubdeckel aus Metall oder Weck-Gläser mit Gummidichtung und Klammer.

Die eingemachten Gläser sollten von Zeit zu Zeit auf ihre Dichte überprüft werden. Ein gewölbter Deckel oder ausgetretene Flüssigkeit ist ein Anzeichen, dass der Inhalt schon verdorben ist. Bei Saurem (z. B. Gurken) mit trübem Inhalt oder gewölbtem Deckel, ist der Inhalt ungenießbar geworden.

Vitamine

Vitamin A

Vitamin A fördert den Stoffwechsel und die Zellteilung. Die Haut bleibt geschmeidig und glatt. Als Radikalfänger wirkt es vorbeugend gegen Falten und verzögert die Hautalterung.

Vitamin A ist enthalten in: Fisch, Butter, Käse, Vollmilch, Spinat, Fenchel, Feldsalat, Brokkoli, Möhren, Aprikosen, Kirschen, Rote Beete und Tomaten.

Vitamin B

Sechs verschiedene B-Vitamine bilden zusammen den zentralen Motor für den Stoffwechsel. Vitamin B2 ist sehr gut für die Haut, Haare und Nägel.

Pantothensäure (Vitamin B5) ist die Königin unter den Beautyvitaminen. Sie wirkt hautglättend und beschleunigt das Zellwachstum. In der Kosmetik wirkt eine stabilere Form des B-Vitamins: Panthenol. Es dringt tief in die Haut ein und bindet die Feuchtigkeit.

Dieses Vitamin ist enthalten in: Leber, Seefisch, magerem Schweinefleisch, Hefe, Vollkornbrot, und Getreidekeimen.

Vitamin C

Vitamin C fördert die Zellatmung und regt den Kollagen-Aufbau an. Es strafft das Bindegewebe und hält die Haut elastisch. Dieses Vitamin C ist ein wichtiger Radikalfänger und beschützt die Haut vor schädigenden Umwelteinflüssen.

Es ist enthalten in: Kiwi, Sanddorn, Johannisbeeren, Holunder, Brokkoli, Grünkohl, Feldsalat, Papaya, Lauch und Kartoffeln.

Vitamin E

Dieses Vitamin ist das zentrale Schutzvitamin für die Zellwände. Es verzögert die Hautalterung und glättet und regeneriert die Haut. Es ist in folgenden Lebensmitteln enthalten: Pflanzliche Öle, Wirsing, Paprika, Mango, Nüssen und rohem Weißkohl.

Vitamin F

Das Vitamin F ist ein Gemisch aus ungesättigten Fettsäuren und fördert das Haarwachstum und den gesunden Aufbau der Haut.

Vitamin F ist enthalten in: Kernobst, Nüssen, Samen und kalt gepressten pflanzlichen Ölen.

Vitamin H

Das Vitamin H (Biotin) regt die Hautregeneration an und fördert die Bildung von Keratin - der Grundsubstanz für gesunde Haare und Nägel.

Es ist enthalten in: Leber, Eigelb, Nüssen, Spinat, Pilzen, Pflanzenkeimen und Haferflocken.

Grundinformationen über scharfe Gewürze

Scharfe Gewürze bringen Pfiff in die Küche, fördern die Verdauung und werden auch als Arzneimittel verwendet.

Scharfe Gewürze reizen die Thermorezeptoren im Mund und es wird vermehrt Speichel produziert. Dies hat zur Folge, dass Magensaftbildung und auch die Darmbewegung angeregt wird. Dadurch wird die Verdauung unterstützt und zum anderen beugt die verstärkte Magensäureproduktion Magen-Darm-Infekten vor.

Zum Beispiel „Sulfide" und „Senföle" besitzen eine gesunde Wirkung. Sie töten Keime ab. Aus diesem Grunde haben sich Senföle bei der Behandlung von Husten und Bronchitis bewährt.

Dem Knoblauch sagt man nach, dass er die Blutfettwerte senkt und die Blutgerinnung hemmt. Er wird deshalb vorbeugend gegen Arteriosklerose eingesetzt.

Die gesunden Sulfide und Senföle sind in Zwiebeln, Knoblauch und Meerrettich enthalten. Die Inhaltsstoffe des Ingwers helfen bei Übelkeit und Erbrechen, während Gelbwurz die Gallensäurebildung anregt, die die Fettverwertung unterstützt.

Der in Chili enthaltende Scharfmacher Capsaicin wird für durchblutungsfördernde Arzneimittel wie Salben und Pflaster verarbeitet, mit denen Gelenk-, Muskel- und Nervenschmerzen behandelt werden.

Scharfe Gewürze sind jedoch nicht für jeden geeignet. Bei Menschen mit empfindlichem Magen können die Scharfstoffe schon in kleinen Mengen unangenehmes Sodbrennen verursachen.

Und bitte Vorsicht bei Kindern: In hoher Dosierung sind die scharfen Gewürze für Kinder gefährlich und es kann zu Vergiftungen kommen. Das Gleiche gilt für Arzneimittel mit den scharfen Inhaltsstoffen. Wenn das Essen erst einmal zu scharf ist, kann man kaum noch etwas dagegen tun. Es gibt nur die einzige Möglichkeit: Das Essen muss verdünnt werden. Leider verliert das Gericht nicht nur an Schärfe, sondern auch an Geschmack. Wem der Mund nach dem scharfen Gericht zu sehr brennt, sollte entweder Milch trinken oder Low Carb Brot essen.

ACHTUNG: Scharfe Gewürze wie Chili sind nicht Wasserlöslich. Wer also Wasser trinkt, verstärkt damit nur die Schärfe.

Histaminarmes LOW CARB

Was ist Histaminintoleranz?
Histaminintoleranz nennt man auch Histaminunverträglichkeit (HIT).

Menschen mit Histaminintoleranz leiden nach dem Genuss bestimmter Nahrungsmittel zum Beispiel an:

- Hautausschlag/Hautrötung
- Quaddeln und Schwellungen
- Nesselsucht (Urtikaria)
- Bauchschmerzen/Bähungen
- Durchfall
- Übelkeit/Erbrechen
- Kopfschmerzen
- Herzklopfen
- Fliesschnupfen
- Müdigkeit
- Kreislaufproblemen
- Schweißausbrüchen
- Muskel/Gelenksschmerzen
- Hitzewallungen
- Stimmungsschwankungen/Weinerlichkeit/Aggressivität
- erhöhter Temperatur bzw. grippeartigem Gefühl
- Augenjucken
- Menstruationsbeschwerden

Histamin ist ein Botenstoff. Dieser wird im Körper bei allergischen Reaktionen freigesetzt. Histamin wird jedoch nicht nur im Körper produziert, sondern ist auch in vielen Lebensmitteln zu finden.

Histidin „eine natürliche Aminosäure" wird in der Nahrung durch Bakterien zu Histamin abgebaut.
Dieses wird dann durch Enzyme „Diaminoxidase" bzw. „N-Methyl-Transferase" abgebaut.
Lebensmittel mit Histamin werden von einigen Menschen schlecht vertragen – es kommt bei ihnen nach dem Verzehr zu unangenehmen Symptomen.

Histaminunverträglichkeit (Histaminose) anders erklärt:
Die Histaminintoleranz ist eine erworbene oder angeborene nicht immunologische Stoffwechselstörung. Die Symptome der Histaminintoleranz gleichen einer Allergie, Erkältung oder Lebensmittelvergiftung.
Vermutlich kommen mehrere körperliche und Umweltfaktoren hinzu und der körpereigene Botenstoff „Histamin" kann nicht mehr auf dem Sollwert gehalten werden.
Histaminreiche Lebensmittel, die eine Gärung (Fermentation/Reifung) oder eine lange Lagerung durchlaufen haben, sind: Gereifte Käsesorten, Bier, Sekt, Wein und Essig.
Histamin ist hitze- und kältestabil. Es kann weder durch gründliches Durchgaren noch mit anderen Methoden aus den Speisen entfernt werden.
Betroffene Menschen sollten ihr Essen grundsätzlich aus frischen und möglichst unverarbeiteten Rohstoffen selbst zubereiten.

Histaminarme Lebensmittel sind:

Fisch: Fangfrischer Fisch hat sehr wenig Histamin. Der gleiche Fisch, ungekühlt 2 Stunden gelagert, ist schon leicht histaminhaltig. Wenig gekühlt und einen Tag gelagert, ist er stark histaminhaltig.

Fleisch: Frisches Fleisch (gekühlt, frisch, gefroren). Bei Schweinefleisch haben einige Probleme.

Milchprodukte/Käse: Butter, Dickmilch, Frischmilch, Kefir, Schmand, Frischkäse, Quark, Hüttenkäse, Schichtkäse, Joghurt, Buttermilch, Sahne, Mascarpone, Butterkäse, junger Gouda, Mozzarella, Ricotta, Bonbel, Cottage Cheese, Creme Cheese.

Gemüse/Salat: Artischocke, Chicorée, Kartoffeln, Blumenkohl, Kürbis, Rote Beete, Brokkoli, Chinakohl, Rosenkohl, Kohlrabi, Fenchel, Grünkohl, Zucchini, Spargel, Mais, Möhre, Salatgurke, Zwiebel, Radieschen, Rettich, Lauch, Knoblauch, Paprika, Blattsalat, Brunnenkresse, Feldsalat, Eisbergsalat, Knollensellerie, Mangold, Pastinake, Petersilie, Radicchio, Schwarzwurzel, Radieschen, Knoblauch, Kochbanane grün, Pilze, Rotkohl, Topinambur, Löwenzahn, Spitzwegerich.

Obst: Apfel, Aprikose, Blaubeere, Johannisbeere, Cranberry, Traube, Melone, Heidelbeere, Litchi, Preiselbeere, Pflaume, Mango, Khaki, Rhababer, Brombeere, Dattel, Kokosnuss, Feige, Granatapfel, Holunderbeere, Mirabelle, Mispel, Moosbeere, Nektarine, Passionsfrucht, Pfirsich, Quitte, Sanddornbeere, Stachelbeere, Süßkirche, Sauerkirche.

Getreide: Mais, Reis, Dinkel, Hafer, Hirse, Nudeln, Kastanien, Bulgur, Couscous, Buchweizen, Amaranth, Grünkern, Polenta, Quinoa, Roggen.

Gewürze: Salz, Basilikum, Brunnenkresse, Curry bzw. Kurkuma, Ingwer, Paprika (Mit Vorsicht zu genießen), Pfeffer (Vorsicht), Anis, Blaumohn, Kümmel, Muskatnuss, Lorbeerblätter, Wachholderbeeren, Zimt (Vorsicht), Knoblauch, Koriander, Liebstöckel, Oregano, Petersilie, Pfefferminze, Rosmarin, Salbei, Schnittlauch, Thymian, tiefgefrorene Kräuter, Vanillemark.

Getränke: Kräutertee, Früchtetee, Mineralwasser, Saft (Apfel, Johannisbeer, Trauben, Kirsch).
Schwarzer Tee und Kaffee sollten nur in Maßen getrunken werden.
Meiden sollte man: Kakao, Saft aus Zitrusfrüchten (Orangen, Ananassaft, Multivitaminsaft).
Alle alkoholischen Getränke, Rotwein, Sekt (Bier und Weißwein nur in geringen Mengen).
Wenn unbedingt Alkohol, dann werden besser vertragen: Whisky, Korn, Kräuterliköre, Wodka, Grappa.

Sonstiges: Apfelessig, Essigessenz, Fleischbrühe, Gemüsebrühe (ohne Tomaten – am besten frei von Glutamat, Zusatzstoffen und Hefe), Backpulver, Mayonnaise, Senf, Backpulver.

Es können auch andere biogene Amine die Beschwerden einer Histaminintoleranz hervorrufen.

Frisches Gemüse (natürliche Form) ist überwiegend histaminarm. Ausnahmen bilden:

- Tomaten (auch Dosentomaten)
- Spinat
- Avocado
- Auberginen
- Oliven
- Pilze
- Sauer eingelegtes Gemüse (rote Bete, Essiggurken, Sauerkraut)

Gemieden werden sollten auch Obstsorten wie:

- Orangen
- Bananen
- Ananas
- Grapefruit
- Alle Zitrusfrüchte
- Kiwi
- Himbeeren
- Erdbeeren

Das Muskelfleisch ist von Natur aus arm an biogenen Aminen. Dagegen enthält es einen hohen Anteil an Histidin. Dieses baut sich bei zunehmender Lagerung und Konservierung zu Histamin um.
Das Fleisch ist dadurch sehr histaminreich und schlecht verträglich.

Nicht verzehrt werden sollten:

- Geräucherte Fleischwaren (Schinken, Salami, Landjäger)
- Bündner Fleisch
- Leberwurst

Besser verträglich sind:

- Frisches und tiefgekühltes Fleisch (NICHT abgepacktes Fleisch)
- Frisch hergestelltes Hackfleisch
- Frische Eier
- Schinkenwurst
- Gekochter Schinken
- Fleisch in Aspik
- Bierschinken

Sonstiges/Infos
Zu meiden sind:

- Balsamicoessig (Rot oder Weiß)
- Rotweinessig
- Tafelessig
- Tomatenmark (Tomatenbelag auf der Pizza)
- Tomatensoße
- Ketchup
- Würzsoßen
- Sojaprodukte
- Sojasoße
- Austernsauce
- Glutamat
- Hefeextrakte
- Hefepasten.
- Schalentiere
- Hülsenfrüchte
- Nüsse

Wenn es um Alkohol geht, so wirkt dieser nicht nur als Histaminliberator – er erhöht auch die Durchlässigkeit der Darmwand. Dadurch wird das Histamin schneller im Körper aufgenommen. Die Wirkung wird noch verstärkt, wenn er warm/heiß getrunken wird wie z. B. bei Glühwein.

Auch Zusatzstoffe spielen eine große Rolle bei der Histaminintoleranz. So können einige Zusatzstoffe eine erhöhte Histaminfreisetzung im Körper bewirken. Diese wären zum Beispiel:

- Geschmacksverstärker Glutamat
- Farbstoffe (Chinolingelb, Tartrazin in Gummibärchen, Gelborange)
- Konservierungsmittel (PHB, Benzoate)
- Sulfite
- Ester
- Säureregulatoren
- Antioxidantien
- Nitrite

Das gebildete Histamin wird durch Kochen, Backen oder Einfrieren NICHT zerstört.

Je länger das Nahrungsmittel gelagert und je höher die Temperatur ist, desto höher ist der Histamingehalt. In verderblichen Lebensmitteln kann sich enorm viel Histamin entwickeln.

Lebensmittel, die einen hohen Eiweißgehalt haben (Fleisch, Fisch) sind sehr anfällig für bakteriellen Verderb. Aus diesen Gründen sollten diese Lebensmittel nicht wieder aufgewärmt werden. Vermeiden Sie das Warmhalten oder Aufwärmen von Fleisch- und Fischspeisen. Die Reste sollten schnell abgekühlt und eingefroren werden.

Eiweißpulver als Mehlersatz (Proteinpulver)

In vielen Rezepten „mit Eiweißpulver" wird ein Proteinpulver mit wenig KH (Kohlenhydrate) verwendet.

Bei kohlenhydratarmer Ernährung (Low Carb) achtet man auf die KH. Die KH sind von Firma zu Firma verschieden (0,5 KH auf 100 g – 2,8 KH auf 100 g).

Das Eiweißpulver wird von Sportlern „eigentlich" für den Muskelaufbau benutzt. Es eignet sich auch zum Backen und Kochen in einer kohlenhydratarmen Ernährung.

Man bekommt dieses Pulver in allen möglichen Geschmacksrichtungen (auch mit neutralem Geschmack). Kaufen kann man es in Sportgeschäften, Bodybuildershops, großen Supermärkten und Reformhäuser.

Wer mehr Infos über Eiweißpulver erfahren möchte, gibt dieses Wort einfach als Suchfunktionswort ein.

Xylit

Xylit besitzt die gleiche Süßkraft wie der herkömmliche Haushaltszucker.

Der Zuckerersatzstoff verstoffwechselt weniger Insulin im Körper und wird aus diesem Grunde oft in Produkten für Diabetiker verwendet.

Zum Beispiel: Während ein Gramm Saccharose zirka 4 g Kalorien enthält, sind es bei Xylit nur 2,4 Kalorien pro Gramm.

Er ist auch bekannt unter den Namen "Birkenzucker oder Xylitol" und schmeckt genauso süß wie normaler Zucker. Auch hat er eine ähnliche Konsistenz.

Er gehört (chemisch betrachtet) nicht zu den Kohlenhydraten (KH), sondern zu den Zuckeralkoholen (E 967).

Die sanfte Umstellung auf Low Carb

Eine Ernährungsumstellung ist immer ein Prozess, der seine Zeit braucht und kann nicht von jetzt auf gleich umgesetzt werden. Zuerst sollte man lernen, was Kohlenhydrate sind und in welchen Lebensmitteln sie enthalten sind.

Für den 1. Tag empfehle ich:

Essen Sie Ihr Frühstück wie Sie es gewohnt sind.

Zum Mittagessen lassen Sie dann die kohlenhydratreichen Beilagen weg, wie z. B.:
Kartoffeln
Reis
Mehlspeisen (Nudeln, Brot)
Nachspeisen aus Zucker

Ihr Mittagessen besteht aus Fisch, Fleisch mit Gemüse oder Salat, oder vegetarische Speisen (siehe Rezeptteil).

Wer zuckerhaltige Süßgetränke (Softdrinks, Säfte und Co.) trinkt, konsumiert täglich viele Kohlenhydrate.
Empfohlen wird zirka 2 Liter Wasser, ungesüßten Tee, Kaffee. Über Süßstoff streiten sich immer noch die Wissenschaftler.

Ich weiß nicht, wie viele Zwischenmahlzeiten Sie an einem Tag bis heute gegessen haben.
Jetzt sind es 3 Hauptmahlzeiten und 2 Zwischenmahlzeiten.
Zwischenmahlzeiten sind: 1 Naturjoghurt, Quark, 1 Handvoll Nüsse. Siehe Rezeptteil in diesem Buch.

Beim Reduzieren der Kohlenhydrate stellt sich der Körper um und es entstehen Nebenwirkungen.

Wie auch bei jeder Ernährungsumstellung (Diät), kann dies zu Kopfschmerzen, Unwohlsein und Müdigkeit führen, die aber auch wieder nach ein paar Tagen verschwinden.
Eine vollständige Anpassung kann manchmal mehrere Wochen dauern.
Z. B. bei Diabetikern Typ Zwei verbessert sich der Blutzuckerspiegel schon in 3 – 4 Wochen.
Es ist sehr wichtig, dass man die Geduld nicht verliert, nur so kann sich der Körper an den neuen Stoffwechsel gewöhnen.

Das Abendessen stellen Sie so zusammen wie das Mittagessen, oder Sie backen sich Low Carb Brot auf Vorrat (siehe Rezepte). Auf dem Brot können Sie Wurst, Käse oder Quark essen.

Low Carb ist ein dehnbarer Begriff und Sie sollten selbst entscheiden, wie viele Kohlenhydrate Sie aufnehmen möchten. Nutzen Sie für Ihre Ernährung gute Kohlenhydrate (stecken in Gemüse, Salat, Obst, Nüssen, Milchprodukten, Vollkorn). Meiden Sie raffinierten Zucker, Mehlspeisen, Reis, Kartoffeln und zuckerhaltige Getränke.
Zum Anfang würde ich einen Richtwert von zirka 100 g Kohlenhydraten pro Tag veranschlagen.
Wie Ihre Kohlenhydratbilanz aussehen soll, müssen Sie selbst entscheiden.
Betrachten Sie diese Kohlenhydrate- (KH) Angaben als Richtlinie und nicht als Regel. Bei jeder Low Carb Methode ist es unmöglich die exakte Menge an KH zu errechnen, auch die Spezialisten können das nicht.

Wenn Sie dieses Buch gekauft haben, um abzunehmen, dann sollten Sie nach einer gewissen Zeit (ab 2 Wochen zirka) die KH auf zirka 35 bis 50 KH pro Tag reduzieren. Jeder Körper hat einen anderen Stoffwechsel. Probieren Sie einfach aus, wie viele KH Sie essen dürfen, um immer noch abzunehmen.

Wenn Sie Diabetiker (Typ 2) sind und Sie möchten Ihren Blutzuckerspiegel reduzieren, dann essen Sie pro Tag 60 – 90 KH. Bitte besprechen Sie sich mit Ihrem Arzt, auch wenn er von Low Carb nichts hält.

Als Patient sind Sie nicht entmündigt. Sie haben das Recht, selbst zu entscheiden. Sie können sich auch mit Ihrer Krankenkasse besprechen.

Haben Sie aber einen Arzt, der mit Ihnen diesen Low Carb Weg gehen möchte, dann wird er Ihren Zuckerspiegel regelmäßig kontrollieren.

Gute Kohlenhydrate sind:

- Gemüse
- Obst
- Nüsse
- Vollkornprodukte
- Milchprodukte
- Blattsalate

Schlechte Kohlenhydrate sind:

- Zucker
- Mehlspeisen (Nudeln, Brot)
- Kartoffeln
- Reis
- Alkohol

Natürlich können Sie auch ab und zu ein Glas Sekt oder Wein trinken (trocken), schließlich sollte die Lebensqualität erhalten bleiben.

Fazit: Damit Sie sich nicht überfordert fühlen, empfehle ich Ihnen die ersten Tage keine KH zu zählen und ab dem Mittagessen diese schlechten Kohlenhydrate (wie Zucker, Reis, Mehlspeisen und Kartoffeln) zu meiden und stattdessen mehr Gemüse auf den Teller bringen.

Kombinieren Sie Gemüse mit Milchprodukten, Fisch oder Fleisch (auch Geflügel), gesunden Fetten und Vollkorn (aber wenig).

Der 2. und 3. Tag ist wie der 1. Tag

Ausnahme: Sie haben sich Low Carb Brot gebacken!
Dann benutzen Sie bitte dieses Brot zum Frühstück und vielleicht auch zum Abendbrot.

Ab dem 4. oder 5. Tag – Lernen Sie Lebensmittel mit wenig Kohlenhydraten (KH) kennen

Versuchen Sie zu lernen, welche Lebensmittel Sie essen dürfen und wo wie viele KH in den Lebensmitteln steckt.
Nehmen Sie sich Zeit für Ihren Einkauf und schauen Sie sich im Supermarkt die Nährwertangaben und Zutaten an.
Nach ein paar Einkäufen wissen Sie schon, was Low Carb ist und Ihr Einkauf geht dann wieder genauso schnell wie vorher.

Manche Menschen, die Low Carb essen übertreiben es oft – das ist meine Meinung. Sie reduzieren bis auf 20 KH am Tag. Bitte entscheiden Sie das selbst. Es besteht überhaupt kein Grund, die KH-Zufuhr so extrem zu drosseln – Sie müssten hier auch auf Gemüse und Obst verzichten.
Mit dem Obst essen wir ja nicht nur den Fruchtzucker, sondern auch zusätzliche Vitamine, Mineralien, Vitalstoffe, Antioxidanzien und Ballaststoffe.

Um Ihren Low Carb Alltag zu gestalten, können Sie in jedem Supermarkt oder Discounter einkaufen sowie auch in Bio-Läden oder Reformhäusern. Auch verschiedene Bäckereien bieten schon Eiweißbrot und Brötchen an. Auch habe ich schon Low Carb Pizzen im Supermarkt gesehen.
Aber das selbstgebackene Brot, Kuchen oder Pizza schmeckt immer noch besser. Man kann alles auch auf Vorrat einfrieren.

Fazit: Für Ihr Wohlbefinden in den 2 – 3 Wochen Umstellung auf Low Carb empfehle ich Ihnen pro Tag auf 80 – 100 KH zu reduzieren. Mit diesen Angaben gehen Sie einkaufen. Z. B. wenn Sie sich entschließen, einen fertig zubereiteten Gurkensalat zu kaufen, so können Sie auf dem Etikett die KH-Angaben ablesen (zirka pro 100 g sind das 5 – 8 g KH).
Bei einer frischen Salatgurke stehen diese KH nicht drauf.
100 g frische Salatgurke haben nur 2 g KH.

Am Ende des Buches finden Sie eine KH-Liste. Diese können Sie herausschneiden oder mit Ihrem Smartphone fotografieren und zum Einkaufen immer dabei haben.

Gemüse ist fast uneingeschränkt zu empfehlen und hat in der Low Carb Ernährung einen hohen Stellenwert.
Es gibt Gemüsesorten mit wenigen KH und welche mit mehr KH.
Z. B.: Brokkoli. Er gehört zu den Kreuzblütlern und ist ein wahres Superfood. Studien haben gezeigt, dass ein regelmäßiger Genuss die Insulinresistenz bei Diabetes Typ Zwei abmildern kann. Zirka 100 g haben 6 g KH.

Wenn Sie Salat kaufen, kaufen Sie eigentlich fast nur Wasser. Blattsalat hat nicht viele Nährstoffe und Mineralien. Der Vorteil von Salaten ist die Sättigung und sie tragen zum Flüssigkeitshaushalt bei. Sie schmecken frisch und knackig und man kann mit den Blättern geschickt Teller oder Platten dekorieren.
100 g Kopfsalat haben 1 g KH.

Der Spargel hat nur 4 g KH pro 100 g.
Kauft man ihn im Glas, hat man ein schnelles Gemüsegericht zum Abend – eingewickelt in gekochtem Schinken.

Auch in Pilzen stecken nur wenige Kohlenhydrate.
Sie helfen gegen Entzündungen (entzündungshemmend) und sind gut bei Herz-Kreislauferkrankungen.
100 g Pilze haben 1 g KH.

Es gibt zwei Arten der Zucchini: Grün und gelb.
Sie gehört zur Familie der Kürbisse und ist reich an Vitamin C. 100 g Zucchini haben 3 g KH.

Der Spinat ist reich an Vitaminen und Mineralien und mit einer Portion gekochtem Spinat (150 g) deckt man mehr als den Tagesbedarf an Vitamin K. Gekochter Spinat besitzt 3 Gramm Kohlenhydrate pro Portion.

Die Avocado wird eigentlich offiziell als Frucht bezeichnet und hat einen starken Fettanteil aber wenige Kohlenhydrate.
Pro Portion (150 g) sind das 13 g Kohlenhydrate.
Die Frucht ist relativ fetthaltig und voller Ballaststoffe, dafür unterstützen sie aber auch die Kräftigung des Herzens. Es stellt sich ein zügiges Sättigungsgefühl ein.

Der Blumenkohl dient mir oft als Kartoffel-Ersatz.
Z. B. Zart gekocht (in Salzwasser zirka 10 Minuten) lege ich ihn in Stücke auf ein Backblech (mit Backpapier) und überbacke ihn im Backofen (180 Grad zirka 25 Minuten) mit Käse (z. B. Emmentaler (Null g KH)).
100 g gekochten Blumenkohl enthalten 2 g KH.

Grüne Bohnen gehören zur Familie der Hülsenfrüchte, genau wie Linsen und Erbsen.
100 g grüne Bohnen haben 3,5 g KH.

Hülsenfrüchte haben dagegen viele Kohlenhydrate. Diese sind aber komplex und lassen den Blutzuckerspiegel nur langsam ansteigen und abflachen. Sie besitzen außerdem viel hochwertiges Eiweiß. Es kommt zu keinem Heißhunger und auch die Sättigung hält lange an.

Zu den wichtigsten Hülsenfrüchten gehören Bohnen, Linsen, Erdnüsse und Kichererbsen. Es gibt weltweit über 18000 verschiedene Hülsenfruchtsorten.

Z. B. 100 g Erbsen (gekocht) haben 12,8 g KH.

Viele, die Low Carb leben, lehnen die Karotte ab, da sie pro 100 g starke 10 g Kohlenhydrate enthält.

Wenn ich Lust habe, diese Karotten (auch Möhre, Mohrrübe, Gelbrübe, Riebli oder Wurzel genannt) zu essen, tue ich es.

Nüsse sind auch bei Low Carb wichtig.

Sie bestehen aus Omega-3 und Omega-6 Fettsäuren. Der Körper kann diese nicht selbst herstellen. Sie sind wichtig für viele Körperfunktionen und auch optimale Energie-Spender für Körper und Seele.

Sie haben einen hohen Anteil an mehrfach ungesättigten Fettsäuren und enthalten nur wenig gesättigte Fettsäuren. Dies ist wichtig für Herz und Kreislauf sowie auch einen gesunden Cholesterinspiegel.

Wissenschaftliche Untersuchungen zeigten, dass Nüsse das Risiko für Diabetes und Parkinson senken (Harvard Universität). Sie haben wertvolle Inhaltsstoffe, dazu gehören die Vitamine B1, B2, B3, B6, Folsäure und Vitamin E. Hinzu kommen Mineralstoffe und Spurenelemente Magnesium, Kupfer, Kalium, Phosphor, Selen, Eisen und Zink.

Eine Portion Nüsse entspricht etwa 50 g (zirka eine handvoll).

Z. B. die Walnuss ist reich an Vitamin E, das rheumatischen Erkrankungen sowie Gelenk-Schmerzen entgegen wirkt.

100 g Walnuss haben 12,4 g KH.

Die Mandel hat eine große Bedeutung bei Low Carb – es gibt viele Rezepte mit gemahlenen Mandeln. Gemahlene Mandeln nimmt man auch zum Backen. Es ist eine perfekte Alternative zu Mehl.
100 g Mandeln haben 22 g KH.

Die Haselnuss hat einen sehr positiven Einfluss auf Magen und Darm sowie auch auf das Knochenmark. Man sollte sie sehr gut kauen.
100 g Haselnüsse haben 17 g KH.

Macadamia-Nüsse wachsen in Australien und haben eine extrem harte Schale. Aus diesem Grunde sollte man sie immer ohne Schale kaufen. Mit diesen Nüssen kann man zu hohe Cholesterinwerte um bis zu 30% senken (das ergaben Studien in Australien). Sie liefern viel Zink für die Immunkraft.
100 g Macadamia-Nüsse haben 4 g KH.

Wenn Sie also Nüsse kaufen, schauen Sie bitte auf die Verpackung, dort sind immer die KH angegeben.
Das gilt auch für Käse- und Wurstverpackungen, Quark und Joghurt, eingefrorenes Gemüse, Obst in Gläser usw.

Planen Sie einen Stadtbummel? Und wissen Sie nicht, was Sie dann essen können?
Ich hatte am Anfang für die Not Nüsse eingepackt, später versorgte ich mich mit selbstgebackenen Keksen. Dies war für mich bequem und ich hatte immer eine Notration dabei.

Sie können auch im Supermarkt Käsewürfel kaufen, gebratenes Geflügel, Wurst oder einen fertigen Salat.

Auch in Fast-Food-Ketten oder Imbissen finden Sie kohlen-hydratarme Speisen. Dort gibt es Hähnchen, Bratwurst (aber ohne Brötchen) Gyros/Döner/Kebab mit doppeltem Salat anstatt Brot (oft in einer Box zum Mittnehmen).

Wenn Sie gelernt haben, worauf sie bei Low Carb achten müssen, können Sie sich an den Buffets in Restaurants oder Kaffees (oder Hotels) richtig satt essen.

Zum Frühstück gibt es eine Auswahl an warmen Würstchen und Eiern, Gurken, Tomaten, Käse und Wurst sowie auch Quark, Joghurt, Obst.

Beeren (Erdbeeren, Himbeeren, Blaubeeren) haben weniger KH als Äpfel, Birnen, Bananen.

100 g Erdbeeren haben 8 g KH.

100 g Bananen haben 21,4 g KH.

Ein Mittags- oder Abend-Buffet bietet oft eine breite Auswahl an Fisch und Fleisch. Man sollte darauf achten, dass das Fleisch/Fisch nicht paniert wurde. Aber man kann auch eine Ausnahme machen.

Zu Hause können Sie Ihr Fleisch/Fisch mit gemahlenen Nüssen panieren.

Das Buffet bietet auch Gemüse, Salate und oft auch Pilze, kalte Platten mit Tomaten und Eier usw. Auf Beilagen wie Nudeln, Kartoffeln, Reis und Brot sowie Nachspeisen aus Zucker (wie Kuchen) sollten Sie verzichten.

Wenn Sie auf alkoholische Getränke nicht verzichten möchten, wählen Sie einen trockenen Wein zum Essen oder alternativ können Sie ein zuckerfreies Light-Getränk mit hochprozentigen Spirituosen zu sich nehmen.

Achtung: Alkohol hemmt die Fettverbrennung.

Stadtbummel oder Urlaub wird also kein Problem für Sie werden, man muss sich lediglich im Voraus ein wenig informieren und sich an die Low Carb Regeln halten.

Eine Fast-Food-Alternative wären Chicken Wings und die dort angebotenen Salate. Bitte keine panierten Hähnchenstücke, das wäre kein Low Carb mehr. Um möglichst wenige Kohlenhydrate aufzunehmen, lassen Sie die zuckerhaltigen Soßen einfach links liegen.

Zirka zehn Prozent der Erwachsenen leiden an Reizdarm.
Sollten Sie unter Verdauungsproblemen, wie etwa Sodbrennen, Völlegefühl, Bauchkrämpfe, Blähungen bis hin zu täglichen Durchfällen leiden, so möchte ich Ihnen meine Freundin "Sabine Beuke" vorstellen. Sie ist Buchautorin, Journalistin und erfolgreiche Bloggerin für das Thema "Reizdarm".
Quelle: https://sabinebeuke.de/

Das Reizdarmsyndrom ist eine Störung im Verdauungstrakt und eigentlich als harmlos zu bewerten, wären da nicht die wiederkehrenden schmerzhaften Symptome, die das alltägliche Leben zur Qual machen.
Um den Darm positiv bei seiner Verdauungsleistung zu unterstützen, kommt es auf die richtige Wahl der Ernährung an.

Die Ursachen für diese Krankheit sind noch nicht ganz geklärt. Vermutlich spielen jedoch eine falsche Ernährung (zu viele Kohlenhydrate), Stress, aber auch Angst und andere psychische Belastungen eine Rolle.

Mit der richtigen Ernährung können Sie massive Verdauungsprobleme bekämpfen.

Jetzt gibt es ein weiteres Low Cab Buch für den empfindlichen Darm:
LOW CARB für Berufstätige mit empfindlichem Darm
Autoren: Jutta Schütz, Sabine Beuke
Verlag: Books on Demand – 4,99 EUR
ISBN 978-3-7460-9751-0 (Auch als E-Book erhältlich)
Es sind 53 leckere und einfache Low Carb Rezepte, mit denen man eine gesunde und ausgewogene Mahlzeit auf den Tisch zaubern kann.
Das Buch "LOW CARB für Berufstätige mit empfindlichem Darm" ist ab sofort bei über tausend Händlern zu bestellen. Auch wer unter dem Reizdarmsyndrom leidet, muss nicht auf leckeres Essen verzichten. Alle Rezepte sind mit Kohlenhydratangaben in Gramm ausgewiesen!
Alle Rezepte sind nach dem Low Carb Prinzip "kohlenhydratarme Ernährung" entstanden. Autorin und Bloggerin Sabine Beuke teilt ihre Begeisterung für ganzheitliche Gesundheit mit ihren Lesern und berichtet auch über persönliche Erfahrungen, Gedanken und Erkenntnisse rund um ein gesundes Leben auf ihrer Webseite.

Xylit (Zucker)

Xylit besitzt die gleiche Süßkraft wie der herkömmliche Haushaltszucker.
Der Zuckerersatzstoff verstoffwechselt weniger Insulin im Körper und wird aus diesem Grunde oft in Produkten für Diabetiker verwendet.
Zum Beispiel: Während ein Gramm Saccharose zirka 4 g Kalorien enthält, sind es bei Xylit nur 2,4 Kalorien pro Gramm.
Er ist auch bekannt unter den Namen "Birkenzucker oder Xylitol" und schmeckt genauso süß wie normaler Zucker. Auch hat er eine ähnliche Konsistenz.
Er gehört (chemisch betrachtet) nicht zu den Kohlenhydraten (KH), sondern zu den Zuckeralkoholen (E 967).

REZEPTE

Backen

Mandel-Cracker (Auf Vorrat)

❖ **Zutaten:**

500 g gemahlene Mandeln
100 g Vollkornmehl
150 g Gluten (Weizenkleber)
100 g Butter
4 Eier
2 Eiweiße zum Bestreichen
1 EL Salz, 1 EL Kümmel,
3 EL Sesamkörner
2 EL Steviastreusüße
2 – 3 gehäufte EL Eiweißpulver
100 ml Sahne
100 g geriebenen Käse

❖ **Zubereitung:**

Gemahlene Mandeln, Vollkohrnmehl und das Gluten mischen und die zerlassene Butter, Eier, Süßstoff und Salz zu einem Teig verkneten. Eventuell (nur wenig) Sahne hinzu geben. 30 Minuten im Kühlschrank ruhen lassen.
Den Teig zirka 3 mm ausrollen. Wenn sich der Teig nicht gut rollen lässt, etwas Eiweißpulver hinzu geben und wieder kneten.
Runde Taler ausstechen (Schnapsglas) und sie auf ein Backblech (mit Backpapier) legen. Mit Eiweiß bestreichen und mit Käse, Kümmel oder Sesam belegen.
Im vorgeheizten Backofen bei 220 Grad zirka 16 Minuten backen.

Low Carb Körnerbrot

Menge: Ergibt 10 Brote à 400 g / Pro Brot 8 - 10 Scheiben
Pro 1 Scheibe = 12 Kohlenhydrate

❖ Zutaten:

500 g Sesamkörner
500 g Leinsamen
200 g Sonnenblumenkerne
600 g gem. Mandeln
700 g Eiweißpulver
6 Päckchen Trockenhefe
1 gehäufter EL Salz
6 Eier
250 ml Sonnenblumenöl
750 g sehr warmes Wasser

❖ Zubereitung:

Eine sehr große Schüssel nehmen, alle trockenen Zutaten (auch die Trockenhefe) hinein geben und gut durchmischen. Anschließend alle nassen Zutaten hinzu geben und gut durchkneten.

Der Teig bröselt etwas. Auf einer Waage je 400 g abwiegen und zu einer länglichen (Durchmesser: ca. 7 - 8 cm) Rolle formen. Die Rolle ist ca. 13 - 15 cm lang.

Auf ein Backblech (mit Papier auslegen, NICHT einfetten) passen 6 Brote. Backzeit: zirka 45 Minuten bei 180 Grad.

ACHTUNG: Das Brot vor dem Backen zirka 45 Minuten gehen lassen!

Jedes Brot in ca. 8 - 10 Scheiben schneiden und einfrieren (Zwischen jede Scheibe ein kleines Stück Alufolie legen).

Frisch hält sich das Brot zirka 3 - 4 Tage (Im Kühlschrank).

Gefroren nach Bedarf auf den Toaster legen und jede Seite einmal toasten.

Tipp: Bestreichen Sie ein paar Scheiben des Brotes leicht mit Schmand und legen es auf ein Backblech (mit Backpapier). Mit Gewürzen wie: Etwas Salz, Pfeffer, (wenig Paprika und Pizza-Gewürz) würzen und dann mit jungem Gouda im Backofen bei 160 Grad 10 Minuten überbacken. Dazu Salat reichen.

Low Carb Fladenbrot

❖ **Zutaten:**
200 g Frischkäse
6 Eier
1 EL Sesamkörner, 1 EL Leinsamen
1 P Backpulver, ½ TL Salz, 1 EL Olivenöl

❖ **Zubereitung:**
Eier trennen und das Eiklar sehr steif schlagen. In einer zweiten Schüssel das Eigelb und den Frischkäse schaumig rühren. Sesamkörner, Leinsamen und Salz dazugeben, Eischnee vorsichtig unterheben. Backpapier mit dem Olivenöl einstreichen. Auf dem Backblech 6 platte Häufchen verteilen und bei 160 Grad zirka 25 – 30 Minuten backen.

Kichererbsen-Brot

❖ **Zutaten:**
400 g Kichererbsenmehl
200 g Butter
1 TL Salz, 2 TL Natron
10 Eier
4 EL grob gemahlene Haselnüsse

❖ **Zubereitung:**
Eier trennen, Eiweiß steif schlagen. Restliche Zutaten (nur 2 EL Nüsse) miteinander verrühren, Eiweiß unterheben. Kastenform mit Butter einstreichen und mit 2 EL Haselnüssen ausstreuen, den Teig einfüllen. Bei 180 Grad zirka 50 Minuten backen.

LC-Hot Dog-Brötchen

❖ **Zutaten für 4 Brötchen:**

4 Eier
50 g geschmolzene Butter
100 g Kokosflocken
180 g gemahlene Mandeln
2 EL Eiweißpulver (neutral)
200 ml heißes Wasser
2 EL Kräuter (getrocknet)
2 TL Senf (mild)
3 TL Backpulver

❖ **Zubereitung:**

Die Eier mit der Butter, Senf und Wasser schaumig schlagen. In einer zweiten Schüssel die trockenen Zutaten mischen, nach und nach zur Ei-Mischung geben, 30 Minuten ruhen lassen. Wenn der Teig noch zu matschig ist, geben Sie 1 – 2 EL Eiweißpulver dazu.
Vier längliche Brötchen formen und für 20 Minuten bei 200 Grad in den Ofen geben.

Nach Geschmack belegen. Mit Käse schmecken sie auch sehr gut.

Tipp: Belegte Brötchen schmecken immer gut mit Salatblättern, Radieschen, Gurken.
Sie können diese Brötchen auch mit Quark (mit Süßstoff) genießen.

Low Carb Bagel (Auf Vorrat)

8 Bagel/ pro Bagel 3,5 Gramm Kohlenhydrate

❖ **Zutaten:**

60 g Sesam
100 g Goldleinsamen (fein gemalen)
70 g Kokosmehl
100 g Magerquark
230 g Mozzarella
3 kleine Eier
3 TL Backpulver
2 Eigelbe (zum Bestreichen)
2 EL Sahne (zum Bestreichen)

❖ Zubereitung:

Goldleinsamen und Kokosmehl mischen. Mozzarella in kleine Stücke schneiden und mit dem Quark vermischen. Über dem Wasserbad (oder Mikrowelle) unter ständigem Rühren zum schmelzen bringen, abkühlen lassen. Mit den Eiern, Leinsamen und Kokosmehl mit dem Mixer kurz mischen, dann von Hand nochmal gut durchkneten. In einer Frischhaltedose (oder Beutel) im Kühlschrank zirka 2 Stunden kühlen. Den Teig in 8 Portionen teilen. Jedes Teil zu einer Kugel formen und in die typische Bagelform bringen. Bagel auf ein mit Backpapier ausgelegtes Backblech legen. Die Eigelbe mit der Sahne mischen und die Bagel damit bestreichen. Mit Sesam bestreuen – den Sesam etwas andrücken. Zirka 25 – 30 Minuten bei 200 Grad backen (Ober und Unterhitze).

Der Unterschied zwischen Goldleinsamen und Leinsamen ist:

Es handelt sich um die gleiche Art Leinprodukten (Linum unsitatissimum).

Die braunen oder goldenen Körner stammen von Varietäten und unterscheiden sich in der Fettsäurezusammensetzung und an ihrem Quellvermögen.

Der Goldleinsamen enthält mehr Linolsäure (Omega 6-Fettsäure) und weniger Alpha-Linolensäure (Omega 6-Fettsäure). Er besitzt ein höheres Quellvermögen.

Müsliriegel
20 Riegel/pro Riegel 10 Gramm Kohlenhydrate

❖ **Zutaten:**

50 g getrocknete Aprikosen
50 g getrocknete Apfelringe
2 EL Butter
50 g Birkenzucker (Xylit)
50 g Honig
1 EL Orangenschale (Schale zum Verzehr geeignet)
1 EL Orangensaft
100 g Haferflocken
50 g Kokosraspel
5 EL Haselnüsse, gehackt
1 EL Pistazienkerne
1 EL Sesamsaat, hell

❖ **Zubereitung:**

Aprikosen grob hacken. Apfelringe in kleine Stücke schneiden. Butter, Zucker und Honig in einen Topf geben und erhitzen, bis die Butter schäumt und der Zucker sich auflöst. Orangenabrieb und Saft, Haferflocken, Kokosraspel, Haselnüsse, Rosinen und Apfelstückchen in den Topf geben und alles gut miteinander vermischen. Müslimasse mit einem feuchten Gummischaber (Backutensil) auf ein mit Backpapier ausgelegtes Backblech streichen. Mit Pistazien und Sesamsaat bestreuen.

Im vorgeheizten Backofen bei 160 Grad Umluft für ca. 25-30 Minuten backen. Auskühlen lassen, danach in 20 Riegel schneiden.

Vanille-Waffeln
Für 2 Portionen / Pro Portion: 6 Gramm Kohlenhydrate

❖ **Zutaten:**

80 g Butter
100 g Magerquark
150 g Eiweißpulver, Vanillegeschmack
4 Eier
Ein paar Tropfen Vanille-Aroma
Öl für das Waffeleisen
2 EL Birkenzucker (Xylit)

❖ **Zubereitung:**

Butter in der Mikrowelle oder in einem Kochtopf schmelzen, danach mit Quark, Eiweißpulver, Eier, Rum-Aroma und Birkenzucker verquirlen.
Portionsweise in einem Waffeleisen backen.

Kokosmakronen
Ergibt ca. 18 Kokosmakronen

❖ **Zutaten:**

9 Eiweiß
3 TL Zitronenpulver
6 EL Streusüße(nacheinander beim Schlagen hinzufügen)
370 g Kokosflocken

❖ **Zubereitung:**

Eiweiß steif schlagen und die Zutaten darunter heben.

Auf das Backblech mit Papier legen.
Ca. 40 Minuten bei ca. 125 Grad im Backofen backen.
Bei geschlossenem Backofen ca. 15 - 20 Minuten abkühlen lassen.

Kekse mit Minzöl ohne Eiweißpulver

❖ **Zutaten:**

110 g gemahlenen Sesam
180 g gemahlene Mandeln
200 g gemahlene Haselnüsse
130 g Butter
4 Eier
1 Tütchen Backpulver
4 TL Süßstoff
2 TL Kakao (Zuckerfrei)
1 TL Zimt
1 Backaroma (Vanille)
3 - 4 Tropfen Pfefferminzöl (aus der Apotheke)
Der Teig muss sich gut formen (drücken) lassen, eventuell noch gemahlene Mandeln hinzu geben.

❖ **Zubereitung:**

Butter schmelzen, Eier schaumig rühren und die Butter hinzu geben. Die restlichen Zutaten hinzu geben.
Kleine Bällchen formen und auf dem Backblech (mit Papier) flach drücken. Bei 180 Grad ca. 30 - 35 Minuten backen.

Zitronen-Zimt-Taler

❖ Zutaten:
125 g Butter
3 Eigelbe
½ TL Kaffepulver
3 TL Süßstoff
2 TL Zimt
1 Backaroma (Vanille)
2 - 3 EL Eiweißpulver (Schoko)
200 g gemahlene Mandeln
2 EL Zitronensaft
1 TL Backpulver
1 Prise Salz

❖ **Zubereitung:**
Butter schmelzen, Eigelbe mit Fett und Süßstoff schaumig schlagen, die restlichen Zutaten hinzu geben.
Der Teig muss sich kneten lassen. Den Teig ca. 2 Stunden im Kühlschrank kalt stellen. Aus dem Teig eine Rolle formen und ca. 50 Kugeln formen.
Auf ein mit Backpapier belegtes Blech legen und andrücken.
Bei ca. 160 Grad ca. 10 - 12 Minuten backen.
Haltbar wie normale Kekse zum Beispiel in einer Dose.

Kekse mit Kaffeelikör

❖ **Zutaten:**

100 g Butter schmelzen
4 EL flüssigen Süßstoff
2 Eigelbe und 1 ganzes Ei
4 EL Kaffeelikör
3 - 4 Tropfen Backaroma (je Bittermandel und Vanille)
100 g gemahlene Haselnüsse
2 EL gemahlene Mandeln
3 - 4 EL Eiweißpulver
2 TL Backpulver
Der Teig muss sich gut kneten lassen.

❖ **Zubereitung:**

Die Butter und die flüssigen Zutaten verrühren und den Rest der Zutaten darunter mischen.
Teig im Kühlschrank ca. 2 Stunden festwerden lassen.
Kleine Kugeln formen und auf das Backblech (mit Papier) legen und flach drücken.
Bei ca. 180 Grad ca. 15 - 20 Minuten backen

Vanillekipferl mit Eiweißpulver

❖ **Zutaten:**

2 Eier
150 g weiche Butter
200 g gemahlene Mandeln
2 EL Eiweißpulver (Vanille)
1 TL Backpulver
4 TL flüssiger Süßstoff
1 Backaroma (Vanille)
1 Prise Salz

❖ **Zubereitung:**

Der Teig muss sich kneten lassen! (Eventuell etwas Eiweiß-pulver hinzu geben.) Alle Zutaten zu einem Teig kneten und im Kühl-schrank ca. 2 Stunden ruhen lassen.
Portionsweise zu einer Rolle formen (rollt sich schwer – bes-ser drücken!) und im Abstand von ca. 1 cm kleine Kipferl formen und auf das Backblech (mit Backpapier) legen.
Bei ca. 170 Grad, ca. 10 - 12 Minuten backen.
Auf dem Backblech auskühlen lassen und mit einem Hauch von Streusüße bestäuben. (Oder ein Gemisch von Zimt und Streusüße).

Mandel-Taler

❖ **Zutaten:**

6 Eier
200 g Butter
1 Tütchen Backpulver
3 EL flüssiger Süßstoff
1 Tütchen Lebkuchengewürz
100 g gemahlene Mandeln, 100 g gemahlene Haselnüsse
8 EL Eiweißpulver (Schoko)
Der Teig sollte sich formen lassen, eventuell etwas mehr Eiweißpulver hinzu geben.

❖ **Zubereitung:**

Butter schmelzen, Eier sehr schaumig rühren und die Butter hinzu geben. Dann den Rest der Zutaten.
Kleine Bällchen formen und platt drücken und auf ein mit Backpapier ausgelegtes Blech legen. Bei 180 Grad ca. 25 - 30 Minuten backen. Oder ganze Masse auf das Backblech (mit Papier auslegen) verteilen und Vierecke schneiden.

Haselnuss-Mandelhäufchen

❖ **Zutaten:**

100 g gehackte Mandeln
100 g gemahlene Haselnüsse
4 Eiweiße
4 TL flüssiger Süßstoff

❖ **Zubereitung:**

Eiweiß mit dem Süßstoff steif schlagen und mit den Mandeln/Haselnüssen vermischen. Kleine Häufchen auf das Backblech (mit Papier) geben.
Bei ca. 175 Grad ca. 20 - 30 Minuten backen.

Biskuitkekse

❖ **Zutaten:**

4 Eier (Eiweiß steif schlagen)
45 g geschroteten Leinsamen, 80 g gemahlene Haselnüsse
3 EL Sojaflocken
1 TL Zimt
3 EL flüssiger Süßstoff
1 - 2 EL Eiweißpulver
120 g Mascarpone

❖ **Zubereitung:**

Eiweiß steif schlagen, Eier schaumig rühren und alle Zutaten ohne die Sojaflocken mixen.
Dann die Sojaflocken unterrühren, zum Schluss das steife Eiweiß darunter heben.
Kleine Häufchen auf das Backblech setzen (mit Backpapier) und ca. 25 - 30 Minuten bei ca. 175 Grad backen.

Erdnussbutter-Taler

❖ **Zutaten:**

200 g gemahlene Erdnüsse
100 g gehackte Haselnüsse
250 g Cremedouble
1 Backaroma (Vanille)
4 EL flüssiger Süßstoff
1 - 2 EL Eiweißpulver
1 TL Backpulver

❖ **Zubereitung:**

Teig muss sich formen lassen!
Alle Zutaten in einer Schüssel gut verrühren.
Mit einem Teelöffel Kekse auf ein Backblech (mit Backpapier) geben und ca. 15 Minuten bei ca. 175 Grad backen.

Zimtsterne

❖ **Zutaten:**

6 Eiweiß
5 TL flüssiger Süßstoff
250 g gemahlene Mandeln
60 - 80 g Eiweißpulver
3 TL Zimt
1 Fläschchen Backaroma (Rum) für die Glasur!

❖ **Zubereitung:**

Der Teig muss sich kneten lassen!
Eiweiß steif schlagen und etwa ¼ davon zum Bestreichen auf die Seite stellen. Den Süßstoff, die Mandeln, Eiweißpulver und Zimt unter die Eiweißmasse geben und kneten. Im Kühlschrank ca. 2 Stunden kalt stellen. Den Teig ausrollen und Sterne ausstechen. Auf ein Backblech (mit Papier) legen. Das restliche steif geschlagene Eiweiß mit etwas Rum-Aroma und 1 TL Süßstoff zu einer streichfähigen Glasur verarbeiten und die Oberfläche der Sterne damit bestreichen. Bei ca. 175 Grad ca. 25 - 30 Minuten backen.

Pralinen

❖ **Zutaten:**

100 g Palmin, 100 g Sahne, 50 g Butter
3 EL Back-Kakao (oder geschmolzene Schokolade 75%)
4 EL Kokosflocken, 2 EL gemahlene Haselnüsse
4 TL flüssiger Süßstoff, 1 Backaroma (Vanille)

❖ **Zubereitung:**

Palmin und Butter in einem Topf schmelzen und den Rest dazu geben und verrühren. Dann in kleine Papier Formen (für Pralinen) füllen. Im Kühlschrank kalt stellen (ca. 3 Stunden). Haltbarkeit ca. 3 - 5 Tage. Man kann sie auch frosten.

Schwarz-Weiß-Kekse

❖ **Zutaten:**

220 g weiche Butter
6 - 8 EL Eiweißpulver
120 g gemahlene Mandeln
1 TL Backpulver
4 TL flüssiger Süßstoff
½ TL Backaroma (Rum)
2 EL Kakao (Zuckerfrei)
2 - 3 EL Sahne

❖ **Zubereitung:**

Der Teig muss knetbar sein!
Alle Zutaten zu einem glatten Teig verarbeiten. Die Hälfte des Teiges mit Kakao und Sahne verrühren.
Beide Teige gleichmäßig dick ausrollen und übereinander legen und leicht andrücken. Von einer Seite her aufrollen und in Scheiben schneiden.
Auf das Blech (mit Backpapier) legen und bei zirka 160 Grad 10 - 12 Minuten backen.

Keksgrundteig für Tiramisu

❖ **Zutaten:**

6 Eier
250 g Butter
1 Päckchen Backpulver
4 TL flüssiger Süßstoff
1 Fläschchen Backaroma (Vanille)
200 g gemahlene Mandeln
200 g Eiweißpulver (Vanille)

❖ **Zubereitung:**

Butter schmelzen, Eier schaumig rühren, die geschmolzene Butter dazu geben und die restlichen Zutaten.
Teig ca. 2 Stunden im Kühlschrank kalt stellen.
Kleine Bällchen formen, flach drücken zu einem Taler und bei ca. 180 Grad ca. 25 - 30 Minuten backen.
Dieser Teig kann mit Kaffeepulver (2 TL), Lebkuchengewürz (1 Päckchen), Backaroma (Vanille, Rum) oder anderen Gewürzen verfeinert werden.

Waffeln oder Pfannkuchen (Grundteig)

❖ **Zutaten:**

6 - 8 EL Eiweißpulver
4 Eier
4 EL Wasser, 2 EL Joghurt
8 EL Sonnenblumenöl
½ Pack Backpulver, 1 - 2 TL flüssiger Süßstoff

❖ **Zubereitung:**

Eier sehr schaumig rühren
Den Joghurt und das Wasser dazugeben und wieder rühren. Öl hinein rühren. Zum Schluss das Eiweißpulver und das Backpulver hinzu geben. Der Teig muss sämig sein! Man kann die Waffeln einfrieren und auf dem Toaster toasten. Den Teig kann man auch als Pfannkuchen benutzen. Dann etwas flüssiger lassen. Dazu reicht man Obst.
Tipp: Mit 2 - 4 EL Eierlikör servieren (Achtung Zucker)

Frischkäse-Brötchen

❖ **Zutaten:**

125 g geschmolzene Butter
3 Eier
3 EL Leinsamen
175 g Frischkäse
100 g Eiweißpulver (Vanille)
1 Tütchen Backpulver
1 TL Zimt

❖ **Zubereitung:**

Butter schmelzen und unter die geschlagenen Eier rühren. Restliche Zutaten darunter mischen und kleine Brötchen formen.
Bei ca. 165 Grad ca. 30 - 35 Minuten backen.

Quarkbrötchen mit Vanille

❖ **Zutaten:**

250 g geschmolzene Butter
250 g Quark (40%)
6 Eier
200 g Eiweißpulver (Vanille)
1 Tütchen Backpulver
½ TL Salz
1 Backaroma (Vanille)
3 - 4 EL Süßstoff (Streusüße)
1 TL Zimt

❖ **Zubereitung:**

Butter schmelzen und mit den restlichen Zutaten mischen.
Kleine Bällchen formen und auf das Backblech (mit Backpapier) legen und bei ca.
175 Grad ca. 30 - 35 Minuten backen.
Zwischen den Brötchen auf dem Backblech etwas Platz lassen!
Süßstoff mit Zimt vermischen und die fertigen Brötchen im
warmen Zustand vorsichtig darin wälzen.

Nusskuchen

❖ **Zutaten:**

7 Eier
80 g Butter
200 g gemahlene Haselnüsse
2 EL Eiweißpulver
1 TL Backaroma (Bittermandel)
2 TL Zimt
4 TL flüssiger Süßstoff

❖ **Zubereitung:**

Butter schmelzen, Eier trennen, das Eigelb mit dem Bittermandelöl/Zimt und 2 TL Süßstoff sehr schaumig rühren. Butter hinzu geben und die restlichen Zutaten.
Das Eiweiß steif schlagen und ebenfalls mit 2 TL süßen.
Die Hälfte des Eischnees unter das Eigelb ziehen und die Nüsse und den restlichen Schnee hinzufügen.
Vorsichtig rühren, sonst fällt der Schnee zusammen.
Die Masse in eine eingefettete Kranzform füllen und für ca. 50 - 60 Minuten bei ca. 160 Grad im Ofen backen.
20 Minuten abkühlen lassen, bevor man ihn stürzen kann.

Kokoskuchen

❖ **Zutaten:**
180 g Kokosraspel
60 g geschmolzene Butter
6 gehäufte EL Kakao
4 Eier (Eiweiß steif schlagen)
1 TL Backpulver
3 TL flüssiger Süßstoff
5 - 6 EL Hüttenkäse (oder Quark 40%)
1 EL Back-Kakao (Zuckerfrei)

❖ **Zubereitung:**
Eiweiß steif schlagen.
Trockene Zutaten mischen, die feuchten Zutaten hinzu geben und verrühren. Das Eiweiß darunter heben und ca. 7 - 9 Minuten auf 600 Watt im Mikro garen.
Zum Schluss den Kakao darüber streuen!

Russischer Zupfkuchen

❖ **Zutaten für den Boden:**
100 g Butter
100 g gemahlene Mandeln, 100 g gemahlene Haselnüsse
100 g Eiweißpulver (Schoko)
4 EL flüssiger Süßstoff

❖ **Zubereitung:**
Der Teig wird krümelig.
Butter schmelzen. Die Hälfte vom Teig (Krümeln) in die gefettete (mit Mandeln paniert) Springform (18 cm Durchmesser) geben und andrücken.

❖ Zutaten für den Belag:

4 Eier (Eiweiß schaumig rühren)
500 g Quark (20%)
1 Päckchen weiße Sofort-Gelatine
4 EL flüssiger Süßstoff
1 TL Kakao (Zuckerfrei)

❖ Zubereitung:

Eier trennen, Eiweiße schaumig rühren.
Eiweiß unter den Teig heben.
Die Masse auf den Boden geben und glatt streichen.
Zu der zweiten Hälfte des Teiges 1 TL Kakao und ein wenig Sahne dazu geben und kleine flache Kleckse auf den Käsebelag legen.
Bei 180 Grad ca. 1 Stunde backen. Backofen abstellen. Den Kuchen noch im geschlossenen Backofen 10 Minuten abkühlen lassen.

Käsekuchen

❖ Zutaten für den Boden:

70 g Butter
150 g gemahlene Mandeln
20 g Weizenkleie (oder Dinkelkleie)
70 g Eiweißpulver
½ Fläschchen Backaroma (Vanille)
2 EL flüssiger Süßstoff,
1 Tütchen Backpulver

❖ Zubereitung:

Den Teig gut vermengen, er krümelt etwas, diese Masse (Krümel) in eine gefettete Springform geben und andrücken.

❖ **Für den Belag:**

4 Eier

3 Eiweiß

750 g Quark (40%)

1 Flächen Backaroma (Vanille)

4 TL flüssiger Süßstoff

1 Päckchen Wackelpudding (Zuckerfrei)

❖ **Zubereitung:**

Die 7 Eiweiße steif schlagen. Extra: Das Eigelb mit dem Süßstoff und dem Wackelpuddingpulver vermischen. Dann das
Eiweiß unterheben.

Die Teigmasse auf den Boden geben. Mit Alufolie gleich ca.
35 Minuten abdecken beim Backen und erst zum Schluss ohne
Folie weiter backen. Bei 180 Grad ca. 70 Minuten.

Dann Backofen ausstellen und ca. 20 - 30 Minuten im geschlossenen Backofen abkühlen lassen.

Mohnkuchen

❖ **Zutaten:**

6 Eier

200 g Mohn

250 g Sahnequark

60 g geschmolzene Butter

5 EL flüssiger Süßstoff, 1 gestrichener TL Natron

30 g Eiweißpulver

1 Fläschchen Backaroma (Vanille)

❖ **Zubereitung:**

Eier schaumig rühren. Alles zusammen rühren und in eine
kleine, gefettete Auflaufform geben. Bei 160 Grad 45 - 50 Minuten backen.

Zum Abkühlen in dem etwas geöffneten Backofen 15 Minuten stehen lassen.

Waldmeisterkuchen

❖ **Zutaten für den Boden:**

100 g Butter
200 g gemahlene Mandeln
20 g Weizenkleie
70 g Eiweißpulver
1 Päckchen Backpulver
2 TL flüssiger Süßstoff

❖ **Zubereitung:**

Die Butter schmelzen.
Dieser Teig krümelt sehr, die Krümel in die gefettete Auflaufform (eine normal große Form) und zuerst leicht auch den Rand bilden und dann den Teig erst andrücken.

❖ **Zutaten für den Belag:**

4 Eier
1 kg Magerquark
2 Pack Götterspeise (Waldmeister - Zuckerfrei)
6 EL flüssiger Süßstoff

❖ **Zubereitung:**

Die Eier schaumig rühren und mit dem Quark verrühren.
Götterspeise und den Süßstoff dazugeben und alles verrühren und auf den Boden geben.
Den Kuchen im vorgeheizten Backofen bei 180 Grad eine Stunde backen, dann im abgeschalteten und geschlossenen Backofen ca. 15 - 25 Minuten stehen lassen.

Tiramisu

❖ **Zutaten:**

5 EL Kaffeepulver
1 ½ TL Zimt
1 Backaroma (Vanille)
2 Eier (Eiweiß schaumig rühren)
4 EL Cognac
170 g Quark (20%)
100 g Kekse (Low Carb)
2 TL Kakao (Zuckerfrei)

❖ **Zubereitung:**

Eiweiße steif schlagen. Den starken Kaffee kochen und abkühlen lassen. Eier trennen und Eiweiß steif schlagen. Kalt stellen. Eigelbe, Backaroma, Süßstoff und Cognac in eine Rührschüssel geben und im heißen Wasserbad mit dem Mixer zu einer dicken Creme verrühren. Abkühlen lassen.
Dann den Eischnee mit der Creme glatt rühren. Quark cremig rühren und die Ei-Creme unterrühren. Kekse kurz in den kalten Kaffee tauchen.
Eine Form mit der Hälfte der Kekse auslegen und die Hälfte der Creme darauf verteilen. Übrige Kekse drauf legen. Die restliche Creme darauf streichen und den Kakao mit etwas Zimt darüber sieben. Im Kühlschrank ca. 3 Stunden ziehen lassen.

Möhren-Muffins

❖ Zutaten:

270 g geraspelte Möhren
4 Eier (Eiweiß schaumig rühren)
50 g flüssige Butter, 4 TL flüssiger Süßstoff
300 g gemahlene Haselnüsse
2 TL Zimt, 1 Prise Salz

❖ Zubereitung:

Eier schaumig rühren und die restlichen Zutaten darunter mischen. Zum Schluss das Eiweiß unter heben.
In die Muffins-Form (mit Papier) füllen und bei ca. 165 Grad 30 - 40 Minuten backen.

Mocca-Muffin

❖ Zutaten:

120 g Butter
6 Eier sehr schaumig rühren
1 Backaroma (Vanille), 1 Tütchen Backpulver
200 g gemahlene Mandeln, 200 g gemahlene Haselnüsse
80 g gehobelte Mandeln
4 TL Kaffeepulver, 3 EL Sahne
3 TL Kakao (Zuckerfrei)
2 - 3 TL flüssiger Süßstoff
½ TL Zimt

❖ Zubereitung:

Butter schmelzen, Eiweiße schaumig rühren und die Restlichen Zutaten hinzufügen. Eiweiße zum Schluss unterheben.
In eine Muffin-Form (mit Papier) geben. Bei 165 Grad ca. 40 Minuten backen. Sahne mit etwas Süßstoff steif schlagen und den Muffins eine Sahnehaube geben und etwas Zimt darüber streuen.

Quarknudeln mit Raffaellocreme

❖ **Zutaten:**

200 g Butter
270 g Quark (40%)
6 Eier
200 g Eiweißpulver
1 Tütchen Backpulver
1 Prise Salz

❖ **Zubereitung:**

Butter schmelzen, alles miteinander mischen und Bällchen formen (so ca. wie ein kleiner Apfel) und auf das Backblech (mit Backpapier) legen und Platz zwischen jedem Bällchen lassen.
Bei 200 Grad 15 - 20 Minuten backen.

❖ **Zutaten für die Raffaello-Creme:**

350 g Mascarpone
120 g Kokosflocken
2 - 3 EL Eiweißpulver (Vanille)
2 - 3 EL Süßstoff (Streusüße)
3 - 4 Tropfen Backaroma (Rum)
300 ml Sahne
1 Prise Salz
2 TL Zitronensaft

❖ **Zubereitung:**

Die Sahne fest schlagen (ohne Zucker).
In einer anderen Schüssel alle Zutaten (ohne Sahne) gut durchmischen.
Dann die geschlagene Sahne vorsichtig darunter heben.

Hefeteig für Pizza und Kuchen

❖ **Zutaten:**

200 g gemahlene Mandeln
50 g Eiweißpulver
150 g Gluten
1 Ei
30 ml Sahne
120 ml Wasser
20 g Trockenhefe
20 g Butter
½ TL Salz.

❖ **Zubereitung:**

Wasser, Sahne und das Ei verrühren und erwärmen.
Dann die Hefe hinein bröckeln mit einer Prise Zucker. Die gemahlenen Mandeln, Eiweißpulver und Gluten in eine Schüssel sieben, eine Mulde hineindrücken und dort die Hefemasse hinein geben.
Das Ganze abgedeckt an einem warmen Ort für etwa 30 Minuten gehen lassen.
Die Butter, und eine Prise Salz zum Vorteig geben und das Ganze zu einem glatten Teig kneten.
Diesen Teig zugedeckt an einem warmen Ort gehen lassen, bis sich das Volumen verdoppelt hat.
Den Teig anschließend noch einmal durchkneten.

Als Pizza: (Grundteig siehe Seite 131)

❖ **Zutaten:**

1 EL Tomatenmark
2 EL Pizzagewürz
Zirka 100 g Salami (oder gekochten Schinken)
1 kleine Dose Tomatenstücke
200 g geriebener Käse

❖ **Zubereitung:**

1 EL Tomatenmark auf dem Boden verstreichen und mit Pizzagewürz würzen. 2 – 3 EL Tomatenstücke aus der Dose darauf verteilen, mit Salami, Pilze belegen und geriebenen Käse darüber streuen. Im Backofen bei 220 Grad zirka 15 – 20 Minuten backen.

Als Kuchen: (Grundteig siehe Seite 31)

❖ **Zutaten:**

Obst aus der Dose (gut abtropfen lassen)
Oder frische Erdbeeren, Äpfel

❖ **Zubereitung:**

Obst auf den Kuchen legen und im Backofen bei 170 Grad zirka 20 – 30 Minuten backen. Schmeckt gut mit Quark.

Fleischgerichte

Knoblauch-Hackfleischbällchen

❖ Zutaten:
500 g gemischtes Hackfleisch
1 Ei
3 EL gemahlene Mandeln
4 EL getrocknete Feigen
1 kleine Zwiebel würfeln
2 EL gehobelte Petersilie
5 Zehen gehackter Knoblauch
1 EL scharfer Senf
3 EL Olivenöl
½ TL Pfeffer, 1 TL Salz
2 Prisen Muskat

❖ **Zubereitung:**
Petersilie fein hacken, Zwiebel schälen und fein würfeln. Feigen klein schneiden und den Knoblauch schälen und pressen.
Fleisch und alle Zutaten (nicht das Öl) miteinander in einer Schüssel mischen und zu einem Fleischteig verarbeiten.
Mit den Gewürzen abschmecken und aus dem Fleischteig Hackfleischbällchen formen. Pfanne heiß werden lassen, Olivenöl dazu geben und bei mittlerer Hitze die Fleischbällchen braten.

Hackfleischbällchen auf Eisbergsalat

❖ Zutaten für den Salat:
1 Eisbergsalat
4 EL Zitronensaft
1 EL Honig
½ TL Paprikapulver (scharf)
½ TL Kurkuma, 1 TL Currypulver, ½ TL Schwarzkümmel
½ TL Salz, 2 Prisen Pfeffer
2 EL Olivenöl
1 EL Sonnenblumenöl

❖ **Zutaten für die Hackbällchen:**
500 g gemischtes Hackfleisch
2 Knoblauchzehen
1 Zwiebel
1 kleine Möhre
1 TL Salz, ½ TL Pfeffer, 1 TL Currypulver
2 EL Olivenöl

❖ **Zubereitung für den Salat:**
Eisbergsalat waschen und in Stücke rupfen. Alle Zutaten gut verquirlen und den Salat damit anmachen. Auf 2 Tellern verteilen.

❖ **Zubereitung für die Hackbällchen:**
Möhre, Zwiebel und den Knoblauch sehr fein schneiden. Hackfleisch, Möhre, Zwiebel, Knoblauch und die Gewürze mischen und kleine Bällchen formen. Pfanne heiß werden lassen, dann das Öl dazu geben und die Hackbällchen zirka 20 Minuten durch garen. Die Hackbällchen legt man auf den Salat.

Low Carb Döner mit Eiweißpulver (Mehlersatz)

❖ **Zutaten:**

400 g Hähnchenbrust
3 Eier
6 Scheiben Salatgurke, Ein paar Salatblätter (z.B. Eisberg)
2 Eier
1 Tomate, 1 Zwiebel
100 g Kräuterquark, 100 g Quark
3 - 4 EL Eiweißpulver (neutral)
2 EL Butter
½ Pack Backpulver
50 ml Mineralwasser
2 EL Olivenöl
½ TL Salz (2 x), 2 Prisen Pfeffer (2 x), ½ TL Knoblauchpulver, ½ TL Zwiebelpulver, 1 EL Petersilie (getrocknet)
2 – 3 Spritzer Süßstoff

❖ **Zubereitung:**

Für das Fladenbrot: Eiweißpulver und Backpulver in eine Schüssel geben und vermischen. Magerquark, Eier und die zerlassene, kalte Butter hinzugeben und unterrühren. Den Teig mit Salz und Pfeffer, Knoblauchpulver, Zwiebelpulver und 1 TL getrockneter Petersilie würzen. Zwei runde Backformen (Durchmesser: Zirka 13 cm) mit Öl einstreichen und den Teig hinein geben. Der Teig sollte zirka 1 cm hoch sein. Bei 180 Grad zirka 15 Minuten backen. Während des Backens die Hähnchenbrust mit 1 EL Olivenöl in einer Pfanne anbraten und bei niedriger Hitze garen. Mit Salz und Pfeffer würzen.

❖ **Für die Soße:**

Kräuterquark, Mineralwasser, Knoblauchpulver, Zwiebelpulver, Salz, Pfeffer und etwas Süßstoff vermischen. Die Hähnchenbrust, Zwiebel und Tomate in dünne Scheiben schneiden. Fladenbrote aufschneiden mit Fleisch, Gurken, Salat und Gemüse füllen und die Soße darüber geben.

Pfannkuchen mit türkischer Wurst

❖ Zutaten:

4 Eier
4 SUCUK (türkische Würstchen aus Rind, Lamm und Geflügel)
1 Möhre
1 Zwiebel
1 Zucchini
1 rote Paprika
2 EL schwarze Oliven (ohne Kerne)
4 EL geriebener Käse
100 ml Sahne
3 – 4 Prisen Pfeffer
½ TL Salz
2 EL Schnittlauch
2 EL Olivenöl

❖ Zubereitung:

Ein hohes Backblech mit Olivenöl bestreichen.
Würste, Oliven, Zwiebel, Zucchini, Paprika und Karotte würfeln (NICHT den Schnittlauch). Alles auf ein Backblech geben.
Teig für den großen Pfannkuchen (für den Backofen):
Eier, Sahne, Pfeffer und Salz mischen, alles über die Masse geben und mit geriebenem Käse bestreuen.
Im Backofen bei 200 Grad zirka 25 Minuten backen.
Mit Schnittlauch bestreuen und in Stücke schneiden.

Curry-Bällchen auf Salat

❖ **Zutaten:**

400 g gemischtes Hackfleisch
½ Eisbergsalat
2 getrocknete Chilischoten
1 Ei
1 Zwiebel (klein würfeln), 1 Knoblauchzehe klein hacken
1 TL gehackte Ingwerwurzel
½ TL Salz
2 – 3 Prisen Pfeffer
2 EL Curry
3 EL Öl
2 EL Kokosnussflocken (und 2 EL zum Verzieren)
1 ½ Liter Brühe (Gemüse- oder Fleischbrühe)

❖ **Zubereitung:**

Eisbergsalat putzen, waschen und in grobe Blätter teilen. Auf zwei Teller verteilen.

Hackfleisch mit dem Ei, den Gewürzen, und den Kokosnuss-flocken vermischen. Kleine Fleischbällchen formen und kurz in der Pfanne anbraten.

Die Brühe erhitzen und die kleinen Fleischbällchen einlegen und 15 Minuten auf kleiner Flamme ziehen lassen. Abkühlen lassen und auf dem Salat anrichten.

Mit den Kokosraspeln bestreuen.

Low Carb Falafel mit Joghurt-Dipp

❖ **Zutaten:**

500 g Wirsing

200 g gemahlene Mandeln

3 – 4 EL Eiweißpulver (neutral)

100 g Sesamkörner, 500 ml Gemüsebrühe

1 Ei, ½ TL Salz

Zirka 1 kg Öl (Palmfett) zum Frittieren

❖ **Zubereitung:**

Küchenfertiger Wirsing in breite Streifen schneiden (zirka 2 cm) und in der Brühe 25 Minuten gar kochen, abgießen und in eine große Schüssel geben. Hinzu kommen Eier, Eiweißpulver, gemahlene Mandeln, Sesam und Salz. Der Teig muss sich formen lassen, evtl. noch 1 – 2 EL Eiweißpulver dazu geben. In zirka 2 cm große Bällchen formen. Im heißen (nicht kochen) Öl frittieren bis sie leicht braun sind.

Joghurt-Dipp:

❖ **Zutaten:**

500 g Natur-Joghurt, 200 g Sahne

1 Bund Koriander (oder 2 EL getrockneter Koriander)

1 Bund Pfefferminze (oder 2 EL getrocknete Pfefferminze)

1 Bund Petersilie (oder 2 EL getrocknete Petersilie)

1 EL Zitronensaft, 2 Spritzer flüssiger Süßstoff

½ TL Salz, 2 Prisen Pfeffer, ½ TL Chilipulver

½ TL Oregano, ½ TL Thymian

❖ **Zubereitung:**

Den Joghurt mit der Sahne cremig rühren. Die Kräuter, Süßstoff, Zitronensaft und Gewürze hinzu geben.

Schnitzel mit Zitronengras

❖ **Zutaten:**

4 dünne Schweineschnitzel
2 Eier
6 EL gemahlene Mandeln
2 EL Eiweißpulver
2 EL Zitronengras
½ TL Salz, ½ TL Pfeffer, ½ TL Chillipulver
½ TL Knoblauchpulver, ½ TL Curry, ½ TL Paprikapulver
(süß)
½ TL Knoblauchpulver
4 EL Olivenöl

❖ **Zubereitung:**

Das untere Ende des Zitronengras dünn abschneiden und die
harten Außenblätter entfernen. Sehr kleine Ringe schneiden.
(Sie sollten 2 EL Zitronengras in die Eimasse geben.)
Stellen Sie zwei Schüsseln bereit. In die eine Schüssel geben
Sie gemahlene Mandeln, in die andere Schüssel die Eier und
die Gewürze und schlagen mit einer Gabel oder einem
Schneebesen die Ei-Masse schaumig. Die kleinen Schnitzel
zuerst in die Ei-Masse geben und dann mit den gemahlenen
Mandeln panieren.
Eine Pfanne heiß werden lassen und das Öl hinzu geben.
Die Schnitzel vorsichtig in die Pfanne legen.
Auf mittlerer Stufe die Schnitzel auf jeder Seite zirka 4 Minu-
ten braten. Vorsichtig wenden.
Nehmen Sie einen großen Teller und belegen Sie ihn mit
Haushaltspapier. Diese Papiertücher (von der Rolle) saugen
viel Fett auf. Darauf geben Sie die fertigen Schnitzel.

Putenschnitzel mit Paprika

❖ **Zutaten:**

4 kleine Putenschnitzel
1 Glas zirka 370 ml eingelegte Paprika
1 kleine Zwiebel
1 kleine Dose Erbsen
1 TL Gemüsebrühe-Pulver
2 EL Zitronensaft
½ TL Currypulver
½ TL Paprikapulver (süß)
½ TL Salz
½ TL Pfeffer
200 ml Wasser
6 EL Olivenöl

❖ **Zubereitung:**

Schnitzel in dünne Streifen schneiden, mit 2 EL Olivenöl beträufeln und mit den Gewürzen würzen. Beiseite stellen.
Paprika aus dem Glas in einem Sieb abtropfen lassen.
Zwiebel schälen und klein würfeln.
Den Paprika klein schneiden.
Pfanne heiß werden lassen, 2 EL Olivenöl hinzu geben.
Zwiebel mit den Paprika darin zirka 3 Minuten dünsten.
Mit Wasser ablöschen, aufkochen lassen und Gemüsebrühe-Pulver hinzu geben.
Erbsen hinzu geben und zirka 3 Minuten erhitzen.
Eine 2. Pfanne heiß werden lassen, 2 EL Olivenöl hinzu geben und die Fleischstreifen zirka 6 Minuten stark anbraten.

Tipp: Salatblätter waschen, auf zwei Tellern verteilen und mit ein paar Prisen Salz und Pfeffer würzen. Darauf das Gemüse aus der Pfanne geben und die Fleischstücke hinzu legen.

Puten-Rouladen mit Weißwein

❖ **Zutaten:**

2 große Putenschnitzel
2 Scheiben Gouda
2 EL Petersilie, 2 EL Schnittlauch, 1 EL Zitronensaft
3 EL Crème fraîche, 3 EL flüssige Sahne
1 TL Senf (scharf)
½ TL Salz, 2 Prisen Pfeffer, ½ TL Currypulver (süß)
2 EL Butter (zum Braten)
200 ml Weißwein, 2 EL Olivenöl

❖ **Zubereitung:**

Schnitzel flach klopfen, mit Senf bestreichen und mit Salz und Pfeffer würzen. Petersilie und Schnittlauch waschen und klein schneiden. Die klein geschnittenen Kräuter auf dem Fleisch verteilen. Auf das Fleisch die Käsescheiben legen und mit Currypulver, Salz und Pfeffer würzen.
Fleisch aufrollen und mit einer Nadel zusammenstecken.
Pfanne heiß werden lassen und die Butter und Öl hinzu geben. Die Rouladen hinzufügen und bei mittlerer Hitze auf jeder Seite 4 Minuten scharf anbraten.
Mit Weißwein ablöschen und zugedeckt zirka 10 Minuten schmoren lassen. Crème fraîche, Sahne und Zitronensaft zufügen und weitere 10 Minuten schmoren lassen.

Tipp: Doppelte Menge ergibt eine Mahlzeit für den 2. Tag.
Zutaten: Fleischgericht vom Vortag, zirka 400 g Gemüse aus der Dose, 100 ml Sahne, 100 ml Frischmilch, 100 g geriebener Käse, 2 EL Ananasstücke (ohne Zucker aus der Dose)
Zubereitung: Backblech mit Sahne und Milch beträufeln. Jede Roulade 3 Mal durchschneiden und auf das Backblech setzen. 1 Dose Gemüse darüber geben, evtl. ein paar Stücke Ananas (ohne Zucker) und mit zirka 100 g geriebenem Käse bestreuen. Im Backofen bei 200 Grad zirka 15 Minuten überbacken.

Hähnchenflügel in Curry

❖ **Zutaten:**

14 Hähnchenflügel
1 grüne Kiwi
1 rote Chilischote
1 EL Tomatenmark
2 EL Honig
2 EL Zitronensaft
2 EL Sojasoße
1 EL Chilisoße
1 TL Paprikapulver (süß)
2 TL Currypulver
½ TL Salz
2 Prisen Pfeffer
4 EL Olivenöl

❖ **Zubereitung:**

Hähnchenflügel waschen und trocken tupfen.
Chilisoße, Honig, Tomatenmark, Zitronensaft, Olivenöl, Salz, Paprikapulver und Currypulver gut verrühren.
Die Hähnchenflügel damit bestreichen.
Hähnchenflügel in eine Auflaufform geben und im Backofen bei 200 Grad zirka 35 Minuten backen.
In der Zwischenzeit die Kiwis schälen und in Würfel schneiden.
Chilischote waschen, längs aufschneiden, entkernen und in feine Ringe schneiden.
Kiwi und Chilischote im Mixer pürieren.
Olivenöl hinzu geben.
Kiwi, Chilischote, Olivenöl – Masse über den Hähnchenflügeln verteilen und servieren.

Hähnchenbrustfilets mit Knoblauch

❖ **Zutaten:**

4 kleine Hähnchenbrustfilets
3 EL Walnüsse (gehackt), 1 EL Mandeln (gehackt)
3 Knoblauchzehen (gepresst)
200 ml flüssige Sahne, 2 EL Zitronensaft
4 EL Käse (gerieben)
2 EL Schnittlauch (gehackt)
1 TL Salz (für das Fleisch), 4 Prisen Pfeffer (für das Fleisch)
½ TL Currypulver, ½ TL Paprikapulver
½ TL Salz, 3 Prisen Pfeffer
3 EL Olivenöl, 1 EL Olivenöl für die Backform

❖ **Zubereitung:**

Hähnchenfilets mit Salz und Pfeffer würzen. Pfanne heiß werden lassen. Olivenöl hinzu geben und die Filets auf beiden Seiten zirka 3 Minuten kräftig anbraten. Backform mit Olivenöl einpinseln. Die Filets in die Backform legen. Knoblauchzehen schälen und klein pressen. Die gehackten Walnüsse und Mandeln, Knoblauch, Sahne, Zitronensaft, Käse und Schnittlauch in einer Schüssel mischen und mit Currypulver, Paprikapulver, Salz und Pfeffer würzen. Diese Sahnemischung auf dem Fleisch verteilen. Im Backofen bei 180 Grad (Ober-/Unterhitze) zirka 25 Minuten backen.

Tipp: Doppelte Menge ergibt eine Mahlzeit für den 2. Tag.
Zutaten: Fleischgericht vom Vortag, zirka 400 g Gemüse aus der Dose, 100 ml Sahne, 100 ml Frischmilch, 100 g geriebener Käse, 2 EL Ananasstücke (Dose)
Zubereitung: Backblech mit Sahne und Milch beträufeln. Hähnchenfleisch auf das Backblech legen. 1 Dose Gemüse darüber geben, evtl. ein paar Stücke Ananas (ohne Zucker) und mit zirka 100 g geriebenem Käse bestreuen. Im Backofen bei 200 Grad zirka 15 Minuten überbacken.

Lammkoteletts mit Pilzen und Zimtblüten

❖ **Zutaten:**

2 Lammkoteletts
100 g weiße Champignons, 100 g braune Champignons
2 Frühlingszwiebeln, 2 Knoblauchzehen
1 EL gehackte Petersilie, ½ Zweig Rosmarin
½ TL Zimtblüten
150 ml flüssige Sahne, 2 EL Zitronensaft
½ TL Salz, 3 Prisen Pfeffer
½ TL Currypulver, ½ TL Paprikapulver (süß)
1 EL Rosmarinöl
2 EL Olivenöl (für die 1. Pfanne)
2 EL Olivenöl (für die 2. Pfanne)

❖ **Zubereitung:**

Lammkoteletts einen Tag vorher in Rosmarinöl, Zitronensaft und einer gehackten Knoblauchzehe marinieren. Champignons putzen und in Scheiben schneiden. Frühlingszwiebeln putzen und in Ringe schneiden. Zweite Knoblauchzehe schälen und fein hacken. Rosmarinnadeln abzupfen und sehr fein hacken.

Pfanne heiß werden lassen und das Olivenöl hinzu geben. Champignons, Frühlingszwiebeln, Petersilie und Sahne zufügen und 5 – 7 Minuten andünsten. Mit Salz und Pfeffer würzen.

Eine zweite Pfanne heiß werden lassen, Olivenöl hinzu geben. Knoblauch, Rosmarin und die Koteletts zufügen. Auf jeder Seite zirka 3 – 5 Minuten anbraten. Mit Salz und Pfeffer würzen. Bei geringer Wärmezufuhr zirka 8 Minuten garen.

Mit Zimtblüten, Currypulver und Paprikapulver würzen.

Champignongemüse auf Teller anrichten und die Lammkoteletts darauf anrichten.

Zimtblüten besitzen das typische Aroma des Cassia-Zimts, jedoch weniger stark ausgeprägt und von der Schärfe her milder.

Hackfleisch mit Lauch

❖ **Zutaten:**

500 g gemischtes Hackfleisch
2 Stangen Lauch
2 rote Chilischoten
1 Knoblauchzehe
3 EL stückige Tomaten
200 ml Fleischbrühe
4 EL Tomatenmark
1 TL Sambal Oelek
½ TL Sternanis
½ TL Koriander
½ TL Persisches Blausalz
1 – 2 Prisen Cayennepfeffer

❖ **Zubereitung:**

Lauch waschen, putzen und in Ringe schneiden.
Chilischote waschen, längs aufschneiden, entkernen und in Würfel schneiden.
Knoblauchzehe schälen und fein hacken.
Fleisch und Tomatenmark ohne Zugabe von Fett in einem heißen Topf krümelig anbraten.
Lauch, Chili, Knoblauch, Tomaten und Fleischbrühe zufügen.
Aufkochen lassen und mit geschlossenem Deckel auf kleiner Hitze zirka 30 Minuten köcheln lassen.
Vor dem Servieren mit Sambal Oelek und den Gewürzen abschmecken.

Hackfleisch-Muffins mit Chicorée und Rote Bete

❖ **Für die Hackfleisch-Muffins – Zutaten:**
300 g Hackfleisch
½ Zwiebel
1 Knoblauchzehe
1 Paprika
150 g Champignons
1 Bund Petersilie
1 Ei
1 TL Senf
½ TL Salz
½ TL Pfeffer
1 TL Curry-Pulver
200 g Käse (junger Gouda)

❖ **Zubereitung:**
Zwiebel, Knoblauch, Paprika, Champignons und Petersilie klein würfeln. Muffin-Form gut mit Öl einfetten (oder Papierförmchen), das Hackfleisch mit allen Zutaten außer dem Käse, mischen und in die Muffin-Form geben.
Mit Käse bestreuen und bei 200 Grad 35 – 40 Minuten backen.

❖ **Für den Chicorée mit Rote Bete – Zutaten:**

2 Chicorée
200 g Rote Bete Scheiben (Glas)
1 Apfel
1 EL gehackte Mandeln
2 EL Apfelessig
3 EL Schnittlauch
½ TL Salz
2 Prisen Pfeffer
2 EL Olivenöl
1 EL Honig

❖ **Zubereitung:**

Rote Bete gut abtropfen lassen. Chicorée waschen, putzen und 8 große Blätter auslösen. Restlichen Chicorée in kleine Streifen schneiden. Apfel schälen und in kleine Würfel schneiden. Essig, Honig, Salz und Pfeffer, Schnittlauch, Mandeln und Öl mischen. Rote Bete mit dem Apfel mischen und in die Chicoréeblätter füllen. Die Salatsoße darüber geben, mit dem Schnittlauch bestreuen.
Alles mit den Hackfleisch-Muffins servieren.

Hackfleischbällchen mit Blumenkohl

❖ **Zutaten:**

500 g gemischtes Hackfleisch
1 Blumenkohl
1 Zwiebel, 1 Knoblauchzehe
1 Paprika
1 Möhre
1 TL Salz, ½ TL Pfeffer, 1 TL Curry, 1 TL Oregano
1 TL Senf
2 Eier
3 EL Sonnenblumenöl

❖ **Zubereitung:**

Blumenkohl waschen, in Röschen zerteilen und im Salzwasser (1 EL Salz) zirka 10 Minuten gar kochen.
Zwiebel, Knoblauch, Paprika und die Möhre in kleine Würfel schneiden.
Eine große Schüssel nehmen und alle Zutaten (auch die Gewürze) hinein geben. Mit nassen Händen Tennisball große Fleischklopse formen. Auf einen Teller bereit legen.

Pfanne heiß werden lassen und das Öl hinein geben.
Die kleinen Fleischklopse auf jeder Seite zirka 8 Minuten braten. Fertig.
Der Blumenkohl, der inzwischen gar ist wird zusammen mit den Fleischkopsen serviert.

Tipp: Sie könnten die Klopse auch in einer Gemüsebrühe garen. Die Brühe darf nicht kochen. Die Klopse brauchen in der Brühe zirka 15 Minuten. Wenn Sie einige Klopse einfrieren möchten, legen Sie die Klopse bitte nur nebeneinander zum Einfrieren. Die eingefrorenen Klopse können Sie direkt auf dem Herd in einer Pfanne oder in einer Soße zubereiten (langsam garen). Im Kühlschrank dauert es ein paar Stunden, bis die Klopse aufgetaut sind.

Apfel-Zwiebel-Schweinebraten

❖ **Zutaten:**

500 g Schweinefleisch
½ TL Salz
2 Prisen Pfeffer
1 Zwiebel
1 Knoblauch
1 Apfel
150 ml Brühe
½ TL Majoran
2 EL frische Petersilie

❖ **Zubereitung:**

Fleisch rundherum mit Salz und Pfeffer würzen und in einen langen Bratschlauch geben.

Zwiebel und Apfel würfeln und beides um den Braten verteilen. Schlauch auf einer Seite verschließen.

Brühe in den Schlauch geben und die andere Seite des Schlauchs verschließen.

Beutel auf ein Blech legen und an der Oberseite mehrfach, mit der Gabel einstechen. Im Backofen bei 200 Grad 60 Minuten braten.

Beutel vorsichtig öffnen. Braten in Scheiben schneiden und mit Majoran und Petersilie bestreuen.

Hackfleisch-Salatgurke überbacken

❖ **Zutaten:**

2 kleine Salatgurken
300 g Hackfleisch
1 Zwiebel
1 Knoblauchzehe
200 g geriebener junger Gouda
2 Prisen Pfeffer
1 TL Salz,
1 TL Curry
Zirka 150 ml flüssige Sahne

❖ **Zubereitung:**

Hackfleisch in der heißen Pfanne ohne Öl anbraten, die Gurken halbieren und aushöhlen.
Die Zwiebel/Knoblauch und das Innere der Gurke würfeln und zum Hackfleisch geben. Würzen und mischen.
Die Gurken mit der Mischung füllen und mit Käse bestreuen.
In eine Auflaufform legen, etwas Sahne dazu geben und für 30 Minuten im Backofen bei 180 Grad überbacken.

Hackfleisch-Pizza mit Schmand

❖ **Zutaten:**

500 g Hackfleisch
1 Dose Champignons
4 Scheiben Koch-Schinken
4 Scheiben jungen Gouda oder Butterkäse
1 Becher Schmand (zirka 200 g)
½ TL Currypulver
½ TL Paprikapulver (süß)
½ TL Salz
3 Prisen Pfeffer
3 EL Sonnenblumenöl

❖ **Zubereitung:**

Öl auf ein Backblech geben und das Hackfleisch darauf geben und glatt streichen. Schmand darauf verteilen.
Mit Salz, Pfeffer, Curry- und Paprikapulver würzen. Champignons darauf geben.
Koch-Schinken in Würfel schneiden, darauf geben und mit dem Käse belegen.
Im Backofen bei 180 Grad zirka 40 Minuten backen.
Nach zirka 20 Minuten kontrollieren, ob abgedeckt werden muss, damit der Käse nicht verbrennt.

Spargel-Schinken-Röllchen

❖ **Zutaten:**

4 Scheiben Kochschinken
4 Scheiben junger Gouda
2 Eier
50 ml Sahne
80 g geriebener junger Gouda
1 Glas Spargel
½ TL Salz
2 Prisen Pfeffer
½ TL Curry
½ TL Knoblauchpulver

❖ **Zubereitung:**

Die Schinkenscheibe mit einer Käsescheibe belegen und 2 – 3 Spargel darauf legen und zu Röllchen einwickeln.
In eine Auflaufform schichten.
Die Eier verquirlen, einen kleinen Schuss Sahne dazu geben und würzen und über die Röllchen gießen.
Den geriebenen Käse darüber streuen und bei 180 Grad 20 Minuten in den Backofen schieben.

Lammkeule mit Minze

❖ **Zutaten:**

700 g Lammkeule
1 Zitrone in dünne Scheiben schneiden
5 EL frische Kräuter
1 TL Senf
3 Knoblauchzehen in dünne Scheiben schneiden
1 TL Salz
2 Prisen Pfeffer
½ TL Curry
1 EL getr. Pfefferminzblätter
200 ml Gemüsebrühe

❖ **Zubereitung:**

Die Lammkeule einölen, würzen und in einen Bratschlauch geben. Im Backofen bei 200 Grad 1 ½ Stunden garen.
Zu dem Bratenfond die Kräuter, Senf, Knoblauch, Pfeffer und den Curry geben und etwas Brühe dazu geben.
Nochmal 20 Minuten zart garen und zum Schluss die Pfefferminzblätter dazu geben.

Geschmortes Rindfleisch mit Blumenkohl

❖ **Zutaten:**

700 g Rindfleisch vom Bug in Würfel schneiden
1 kleiner Blumenkohl
2 kleine Zwiebeln
3 Knoblauchzehen
2 Möhren klein würfeln
4 EL Öl
700 ml Fleischbrühe
Je ½ TL getrockneter Thymian, Salz, Pfeffer

❖ **Zubereitung:**

Blumenkohl waschen, in Röschen zerteilen und im Salzwasser (2 EL) 10 Minuten garen. Zur Seite stellen.
Fleischwürfel in Öl anbraten dann alle Zutaten (ohne den Blumenkohl) hinzu geben und bei kleiner Hitze zugedeckt in der Pfanne Zirka 1 ½ Stunden schmoren. Zum Schluss den Blumenkohl hinzu geben.

Merguez-Salat
3 – 4 Portionen (Vorrat)

❖ Zutaten:
6 – 8 Merguez-Würstchen (Lammwürstchen)
6 Tomaten
2 rote Paprikaschoten
4 rote Zwiebeln, 1 Knoblauchzehe
2 Zweige Dill
1 Dose Artischockenböden
2 Limetten (bio), 3 EL Olivenöl
1 TL Ras el Hanout (Ras el Hanout ist eine marokkanische Gewürzmischung, die besonders gut zu Couscous- und Fleischgerichten passt)
3 EL Kapern
½ TL Salz, 2 – 3 Prisen Pfeffer

❖ Zubereitung:
Tomaten waschen und quer halbieren, Paprika waschen, entkernen und in breite Streifen schneiden, Zwiebeln schälen und die Artischocken abtropfen lassen.

❖ Für das Dressing:
Die Limettenschale ab raspeln, Früchte auspressen, Knoblauch schälen und sehr fein hacken. Dill hacken. Den Limettensaft mit Schale, 1 EL Olivenöl, Knoblauch, Ras el Hanout und Kapern verquirlen und mit Salz und Pfeffer würzen.
Restliches Öl in einer Grillpfanne erhitzen und das Gemüse darin nacheinander jeweils zirka 6 Minuten anbraten, herausnehmen und in eine Auflaufform füllen. Mit Dressing übergießen. Zirka 40 Minuten marinieren lassen.
Würstchen in der Grillpfanne oder im Backofen unterm Grill knusprig braten. Mit dem Salat servieren.

Rinder Gulasch Orientalisch

❖ **Zutaten:**

400 g Rindergulasch
300 g Rinder-Hackfleisch
2 Zwiebeln
1 Paprikaschote, 1 Möhre
1 Dose Pfirsiche (ohne Zucker)
½ L Tomatensaft
200 ml Fleischbrühe
1 TL Currypulver, ½ TL Sambal Oelek, 1 TL Salz
½ TL Chilipulver
1 TL Oregano (getrocknet) fürs Hackfleisch
½ TL Chilipulver fürs Hackfleisch,
½ TL Currypulver fürs Hackfleisch
½ TL Salz fürs Hackfleisch
1 TL Zitronensaft
1 EL Olivenöl (für den Zitronensaft)
3 EL Olivenöl

❖ **Zubereitung:**

Fleisch in einer sehr hohen Pfanne (für den Backofen) zirka 10 Minuten sanft anbraten.

Zwiebeln, Möhre und Paprika klein würfeln und hinzu geben und zirka 10 Minuten auf kleiner Stufe anbraten. Mehrmals umrühren. Brathitze auf kleinste Stufe stellen. Mit Currypulver, Salz, Chilipulver, Oregano würzen.

Das Hackfleisch würzen und kleine Bällchen formen (gehäufter EL). Die Bällchen auf das Fleisch schichten. Pfirsiche vierteln und ohne Saft darauf legen. Sambal Olek, mit dem Zitronensaft, Tomatensaft, Fleischbrühe und dem 1 EL Olivenöl vermischen und über die Fleisch/Pfirsich-Masse geben.

Topfdeckel auflegen (oder mit Alufolie abdecken) und ohne zu rühren für zirka 2 Stunden bei 180 Grad in den Backofen geben. Probieren Sie dann ein Stück Fleisch. Wenn das Fleisch gar ist, erst dann alles unterheben.

Ente mit Walnusssoße

❖ **Zutaten:**

1 kleine Ente oder eine ½ Ente
1 Granatapfel
1 Zwiebel
1 kleine Möhre
200 g gemahlene Walnüsse
2 EL grob gehackte Walnüsse (zum Garnieren)
1 EL Tomatenmark
½ TL gemahlener Kurkuma
2 EL Granatapfelsirup (Achtung Zucker, wenn auch wenig)
½ TL Salz, 2 – 3 Prisen Pfeffer
200 – 250 ml heißes Wasser
1 EL Honig, 4 EL Olivenöl

❖ **Zubereitung:**

Zwiebel und Möhre klein würfeln und in Olivenöl anbraten. Tomatenmark zufügen, kurz mitbraten. Gemahlene Nüsse, Granatapfelsirup, Salz, Pfeffer und Kurkuma zugeben, alles vermischen und mit heißem Wasser aufgießen, sodass sich eine etwas dickliche Soße ergibt.

Ente in 2 Teile oder 4 Teile zerlegen, mit Pfeffer und Salz würzen und auf jeder Seite in Öl in einer gesonderten Pfanne anbraten. Die Zwiebel/Möhre/Nüsse-Masse zu der Ente in die Pfanne geben und zirka 90 Minuten auf kleiner Flamme garen lassen. Zwischendurch vorsichtig umrühren.

In der Zwischenzeit den Granatapfel aufschneiden und die Kerne mit dem Löffel herauslösen und zur Seite stellen.

Wenn die Ente fertig ist, auf zwei Teller legen und mit den Granatapfelkernen und 2 EL grob gekackten Walnüssen bestreuen.

Okra mit Hackfleisch

❖ **Zutaten:**
500 g Hackfleisch (wie gewohnt mit Gewürzen/Zwiebeln braten)
750 g Okra
2 Zwiebeln
2 Knoblauchzehen
2 Tomaten - fein hacken
Etwas frischen Ingwer
Je 2 TL Kreuzkümmel, Koriander, frische Kräuter
Je ½ TL Fenchelsamen (gemahlen), Cayennepfeffer, Kurkuma
1 TL Salz
4 EL Öl
200 ml Fleischbrühe

❖ **Zubereitung:**
In die heiße Pfanne etwas Öl hinein geben und eine Schicht Okra hinein geben. 3 – 4 Minuten von allen Seiten anbraten und aus der Pfanne nehmen. Schicht für Schicht braten. Zwiebeln in die Pfanne geben, anbraten und den Knoblauch/Ingwer und Gewürze hinzu geben. Zum Schluss die Tomaten. Die Fleischbrühe dazu geben und zirka 25 Minuten auf kleiner Flamme mit geschlossenem Deckel schmoren.
Auf dem Teller anrichten und das Hackfleisch dazu legen.
Man kann das Ganze auch in eine Auflauf-Form geben und mit Käse kurz im Backofen bei zirka 200 Grad – 20 Minuten überbacken.

Infos: Vor über 3000 Jahren wurde das Gemüse „Okra" in Ostafrika kultiviert. Die Hauptanbaugebiete sind Kenia, Indien, Thailand, Süd-, Mittel- und Nordamerika, der Orient und auch die Mittelmeerländer. Wer Okras schon mal gegessen hat, beschreibt ihren Geschmack als mild und auch säuerlichpikant. Manche sagen auch, Okras schmecken wie eine Mischung aus grünen Bohnen und Stachelbeeren.

Jalapeño Rinderhack-Frikadellen

❖ Zutaten:

600 g Rinderhack
3 Jalapeño
2 Zwiebeln
1 Möhre
2 EL gehackte Kräuter
200 g Quark (40%)
4 EL Olivenöl
1 TL Knoblauchsalz
3 Prisen Cayennepfeffer

❖ Zubereitung:

Jalapeños waschen und in kleine Würfel schneiden.
Zwiebeln und die Möhre schälen und würfeln.
Hackfleisch, Jalapeños, Zwiebel, Kräuter sowie Quark gut vermischen und mit Knoblauchsalz und Cayennepfeffer würzen.
Olivenöl in einer Pfanne erhitzen. Hackmasse zu Frikadellen formen und bei mittlerer Hitze von beiden Seiten ca. 10 - 15 Minuten goldbraun durchbraten.

Überbackener Leberkäse

❖ **Zutaten:**

400 g Leberkäse (Schwein)
2 EL Öl
100 g Lauch/Porree
500 g Paprika rot
Peperoni Brunch (Brotaufstrich)
200 g Käse, gerieben
Salz

❖ **Zubereitung:**

Leberkäse würfeln und in einer Pfanne mit Öl braten. Lauch waschen, in Ringe schneiden. Paprika entstielen, entkernen, waschen, stückeln und zusammen mit dem Lauch in die Pfanne geben und mit schmorren. Danach Brunch unterrühren und mit Salz abschmecken. Alles zusammen in eine mit Backpapier ausgelegte Auflaufform geben und mit Käse bestreuen, bei 180° Grad Umluft, 10-15 Minuten backen.

Bratwurst Gemüsecurry

❖ Zutaten:

4 Schweine-Bratwürste
200 g Tomaten
1 rote Paprika
1 grüne Paprika
1 Möhre
2 Zwiebeln
1 Knoblauchzehe
2 rote Chilischoten
120 ml Gemüsebrühe
3 EL Butter, 3 EL Olivenöl
3 Spritzer Tabasco
½ TL Salz
1 Prise weißer Pfeffer, 1 Prise schwarzer Pfeffer
2 TL Currypulver

❖ Zubereitung:

Tomaten waschen, putzen und in Würfel schneiden. Paprika schälen, Kerngehäuse entfernen und in Stücke schneiden. Zwiebeln, Möhre und Knoblauchzehe schälen und fein hacken. Chilischoten waschen, längs aufschneiden, entkernen und in kleine Würfel schneiden. Olivenöl in einem Topf erhitzen. Gemüse zufügen und ca. 10 Minuten anbraten.
Mit Gemüsebrühe ablöschen. Tabasco zufügen und bei schwacher Hitze ca. 10 - 15 Minuten köcheln lassen.
Mit Currypulver, Salz und Pfeffer abschmecken, dann pürieren. Butter in einer Pfanne erhitzen und die Bratwürste darin von beiden Seiten anbraten. Wurst herausnehmen, in Scheiben schneiden und zusammen mit dem Bratensud zu der Soße geben.
Alles noch ca. 5 - 8 Minuten ziehen lassen.

Vegetarisch

Tofubällchen Gratiniert auf Eisbergsalat

❖ **Zutaten:**

½ Eisbergsalat
3 große Tomaten
3 Zucchini
200 g Tofu
100 g geriebenen Parmesan
1 Zwiebel, 1 Knoblauchzehe
3 Zweige Thymian
30 g gemahlene Mandeln
1 Ei
3 EL Olivenöl
½ TL Salz (3 Mal)
2 – 3 Prisen Pfeffer (2 Mal)
2 – 3 Prisen Chilipulver

❖ **Zubereitung:**

Eisbergsalat putzen, waschen und in große Stücke reißen. Auf zwei Teller legen. Zucchini waschen, putzen und in feine Scheiben schneiden, in eine hohe Backform geben, mit Salz und Pfeffer mischen.

Tomaten waschen, fein würfeln und die Stielansätze entfernen, Zwiebel und Knoblauch schälen und fein hacken. Den Thymian waschen, trocken schütteln und Blättchen abstreifen. Tomaten, Zwiebel, Knoblauch und Thymian mit 2 EL Öl vermischen, salzen, pfeffern und auf den Zucchini verteilen.

Tofu mit der Gabel fein zerdrücken, mit Parmesan, Mandeln, Ei, Salz und Chilipulver sehr gründlich mischen und zu kleinen Bällchen (tischtennisballgroß) formen, auf dem Gemüse verteilen, mit dem restlichen Öl beträufeln und im Backofen bei 200 Grad 35 Minuten backen. Die Tofubällchen und das Gemüse auf dem Salat verteilen.

Falafel auf Salat

❖ Zutaten:

½ Eisbergsalat
300 g getrocknete Kichererbsen
1 EL Eiweißpulver
1 TL Backpulver
1 Knoblauchzehe, 1 Lauchzwiebel
2 Zitronen
1 kleiner Bund Petersilie, 2 Stängel Koriandergrün
2 TL gemahlener Kreuzkümmel, 1 TL gemahlener Rosmarin
1 TL Paprikapulver (süß), ½ TL Cayennepfeffer
½ TL Salz, 2 – 3 Prisen Pfeffer
Öl zum Frittieren (zirka ½ L)
2 – 3 EL Wasser

❖ Zubereitung:

Kichererbsen 14 Stunden in reichlich Wasser einweichen. Eisbergsalat putzen, waschen und in große Stücke reißen. Auf zwei Teller verteilen. Die Lauchzwiebel, den Knoblauch schälen, grob würfeln. Petersilie und Koriander waschen, die Blätter von den Stielen zupfen und grob hacken. Die Zitrone auspressen.

Einweichwasser von den Kichererbsen abgießen und diese mit den Kräutern und Knoblauch fein pürieren. Dabei den Zitronensaft und etwas Wasser (2 – 3 EL) zugeben. Die Gewürze hinzufügen und mit Salz und Pfeffer würzen. Eiweißmehl und Backpulver untermischen. In einem kleinen Topf (zirka 5 cm hoch) das Öl erhitzen. Aus dem Kichererbsenteig walnussgroße abgeflachte Bällchen formen.

Mit einem Holzstäbchen testen, ob das Fett heiß genug ist. Wenn die Bläschen an dem Stäbchen aufsteigen, ist die richtige Temperatur erreicht.

Die Kichererbsen-Bällchen im heißen Fett portionsweise zirka 5 Minuten frittieren, bis sie goldgelb sind, dabei einmal wenden. Die Bällchen auf dem Salt verteilen.

Tofu- Champignons- Lauch-Saté

Zutaten:
20 kleine Champignons
400 g Tofu
2 dünne Stangen Lauch, 1 Zwiebel
5 EL Sojasoße, 2 Zitronen, 1 EL Essig
7 EL Olivenöl
4 gehäufte EL Erdnussmus (zirka 200 g)
1 TL Chilipulver, 1 TL Ingwerpulver
1 EL Honig
½ TL Salz, 2 – 3 Prisen Pfeffer
20 Holzspießchen, 300 ml Wasser

❖ **Zubereitung:**
Den Lauch waschen, in 20 Stücke schneiden. Die Stücke in ein Metallsieb oder einen Siebeinsatz geben und über kochendem Wasser im geschlossenen Topf zirka 4 Minuten dämpfen. Die Champignons putzen und den Tofu in 20 Stücke schneiden. Die Zitronen auspressen.
6 EL Zitronensaft, 3 EL Sojasoße, 4 EL Öl, Ingwer- und Chilipulver, Honig und mit Salz und Pfeffer verrühren. Tofu, Champignons und Lauch mit der Marinade übergießen und durchziehen lassen.
Inzwischen für die Erdnusssoße die Zwiebel schälen, fein hacken und in 1 EL Öl kurz dünsten. Das Erdnussmus, 300 ml Wasser, die Chilisoße, den Essig und 1 EL Sojasoße dazugeben und verrühren. Bei mittlerer Hitze zirka 3 Minuten schwach kochen lassen, mit Salz und Pfeffer abschmecken.
Den Tofu, die Champignons und den Lauch abwechselnd auf Holzstäbchen spießen (den Lauch quer zur Schnittfläche aufspießen). Die Spieße portionsweise in 2 EL Öl bei mittlerer Hitze zirka 7 Minuten rundum goldgelb braten und mit der Soße servieren.

Feta-Schnitzel mit Eiweißpulver

❖ **Zutaten:**

500 g Fetakäse
3 EL frischen Schnittlauch
1 kleine Zwiebel
3 Eier
4 EL gemahlene Mandeln
Zirka 4 gehäufte EL Eiweißpulver (neutral)
1 TL Chillipulver
1 TL Paprikapulver (süß)
2 – 3 Prisen Salz
2 – 3 Prisen Pfeffer
½ TL gemahlener Ingwer
3 EL Olivenöl

❖ **Zubereitung:**

Die Eier in einer Schüssel mit den Gewürzen (ohne den Schnittlauch) verquirlen.

Zwiebel sehr fein schneiden und zu den Eiern geben.

Eiweißpulver und die gemahlenen Mandeln in eine zweite Schüssel geben. Fetakäse in 4 gleiche Scheiben schneiden.

Den Fetakäse zuerst im Ei, dann in dem Eiweiß/Mandelmehl wälzen.

Pfanne heiß werden lassen und das Olivenöl hinzu geben.

Den Fetakäse in der Pfanne von beiden Seiten vorsichtig goldgelb backen.

Mit den Schnittlauchröllchen bestreuen. Wie in den vorherigen Rezepten können Sie die Schnitzel auf Salat betten.

Zimt-Spargel

❖ Zutaten:

450 g Spargel
1 Stange Lauch
2 EL Ananas aus der Dose (ungezuckert)
2 Eier
100 g Hüttenkäse
50 g geriebener Emmentaler
½ TL Salz
2 Prisen Pfeffer
½ TL Currypulver
2 Prisen Zimt
2 EL Olivenöl

❖ Zubereitung:

Spargel an der unteren Hälfte schälen.
In 3 oder 4 cm lange Stücke schneiden.
Spargel in siedendem Wasser zirka 10 Minuten garen.
Herausnehmen und etwas abkühlen lassen.
Lauch putzen, waschen und in Ringe schneiden.
Hüttenkäse mit den Eiern mischen und mit den Gewürzen abschmecken.
Ananas aus der Dose abtropfen lassen und beiseite stellen.
Auflaufform mit Öl einpinseln.
Alle Zutaten in eine Auflaufform geben, mit Emmentaler bestreuen.
Ananas darüber geben und im Backofen bei 180 Grad zirka 25 Minuten backen.

Thai-Salat mit Kokosdressing

❖ **Zutaten:**

350 g Chinakohl
3 mittlere Stangen Staudensellerie
2 Möhren
200 g grüne Bohnen (aus dem Glas)
4 Frühlingszwiebeln
1 Knoblauchzehe
2 EL Zitronensaft
2 EL Kokosmilch, 1 TL Kokosflocken
2 EL flüssige Sahne
3 EL Erdnusscreme (ohne Zucker)
1 EL Chilisoße
1 TL Sojasoße
½ TL Salz
1 MSP Pfeffer

❖ **Zubereitung:**

Chinakohl waschen, trocknen, in Stücke zupfen.
Sellerie und die Möhren waschen, schälen und in dünne Streifen schneiden.
Frühlingszwiebeln klein würfeln und mit dem Chinakohl, Sellerie und Möhren in eine Schüssel geben.
Den Knoblauch klein pressen.
Mit den restlichen Zutaten in der großen Schüssel mischen und zirka 20 Minuten ziehen lassen.

Tipp: Der Salat hält sich 2 Tage im Kühlschrank und passt auch zu vielen Fleischgerichten oder nur mit Low Carb Brot.

Vegetarisches Chili con Carne

❖ **Zutaten:**

200 g Kidneybohnen (aus der Dose)
400 g Kohlrabi (aus dem Glas)
1 grüne Paprika
1 gelbe Paprika
1 kleine Möhre
3 Tomaten
1 Zwiebel
2 Knoblauchzehen
3 EL flüssige Sahne
2 EL Zitronensaft
2 EL Olivenöl
1 TL Chilipulver
1 TL Paprikapulver
½ TL Currypulver
½ TL Salz
250 ml Gemüsebrühe
3 EL Olivenöl

❖ **Zubereitung:**

Pfanne heiß werden lassen, Olivenöl hinzu geben.
Zwiebel schälen und in kleine Würfel schneiden
Tomaten, Möhre und die Paprika waschen und klein würfeln.
Zirka 8 Minuten im Öl leicht anschwitzen.
Knoblauchzehen schälen und pressen.
Gemüsebrühe, Gewürze, und die restlichen Zutaten hinzu geben. Dazu schmeckt Low Carb Brot.

Tipp: Low Carb Brot Scheiben mit Olivenöl beträufeln, mit Käse belegen und im Backofen bei 200 Grad 6 Minuten überbacken.

Eisbergsalat mit Avocados

❖ Zutaten:

2 Grapefruits
3 Avocados
2 EL trockener Weißwein
2 EL Zitronensaft
1 unbehandelte Zitrone für die Scheiben
1 EL Tomatenketchup
1 Eisbergsalat
1 Eigelb
4 EL Olivenöl
1 TL Senf
1 EL Essig
3 EL frischen Schnittlauch
½ TL Chilipulver
½ TL Salz
2 MSP Pfeffer

❖ Zubereitung:

Salat waschen und die Blätter ganz lassen.
Zitrone in Scheiben schneiden.

Für die Mayonnaise: Eigelb, Senf, Öl, Essig, Salz und Pfeffer, gut miteinander verrühren und kühl stellen.
Grapefruit halbieren, das Fruchtfleisch herausschneiden und in eine Schüssel geben.
Avocados halbieren, den Stein herausnehmen und das Fruchtfleisch in Würfel schneiden.
Mit der Grapefruit mischen und mit Zitronensaft und dem Wein beträufeln.
Salz, Pfeffer, Chilipulver und Ketchup dazugeben und alles vorsichtig mit der Mayonnaise vermischen.
Schnittlauch grob schneiden.
Eine Glasschüssel mit den Salatblättern auslegen und den fertigen Salat darauf anrichten. Mit Zitronenscheiben garnieren und bis zum Servieren kühlstellen.

Zucchini mit Feta und Tomaten

❖ **Zutaten:**

300 g Feta
3 – 4 Zucchini
200 g Tomatenstücke aus der Dose
1 Bund frische Kräuter
½ TL Salz
2 Prisen Pfeffer
½ TL Paprikapulver (süß)
3 EL Olivenöl
½ L Salzwasser (1 TL Salz)

❖ **Zubereitung:**

Den Käse in vier gleich große Stücke schneiden.
Zucchini waschen, in der Länge in 4 mm dünne, lange Streifen schneiden und im Salzwasser 25 Sekunden blanchieren, abschrecken und abtropfen lassen.
Je 2 – 3 Streifen der Zucchini um den Käse wickeln.
Diese Päckchen nebeneinander in eine feuerfeste Form (etwas mit Öl auspinseln) legen. Es sollte noch ein kleiner Rest der Zucchini übrig bleiben.
2 EL Olivenöl mit Salz, Pfeffer und Paprika verrühren und die Zucchini-Päckchen damit bestreichen.
Im Backofen bei 175 Grad zirka 20 Minuten backen.
Inzwischen die Tomaten mit 1 EL Olivenöl erhitzen, übrige Zucchinischeiben in Streifen schneiden und dazugeben.
Die Soße mit Salz und Pfeffer kräftig abschmecken.
Die Kräuter klein hacken. Die Käse-Zucchini-Päckchen auf der Tomatensoße mit den Kräutern anrichten.

Teufel-Salat

❖ **Zutaten:**

2 rote Paprika
2 grüne Paprika
1 große Zwiebel
1 kleiner Rettich
½ Bund Kräuter
4 EL gehackte Petersilie
1 - 2 TL scharfer Senf
1 - 2 TL Balsamico Essig
2 - 3 EL Olivenöl
2 - 3 Spritzer Tabasco
½ TL Currypulver
½ TL Paprikapulver (scharf)
1 TL Paprikapulver (süß)
½ TL Salz
1 - 2 Prisen Pfeffer

❖ **Zubereitung:**

Paprikas schälen und das Kerngehäuse entfernen.
In Streifen schneiden.
Zwiebel schälen und in Ringe schneiden.
Rettich schälen und in dünne Scheiben hobeln. Radieschen waschen, putzen und ebenfalls in dünne Scheiben schneiden.
Olivenöl, Tabasco, Senf und Essig verrühren und mit den Gewürzen abschmecken.
Alle Zutaten gut miteinander vermischen und mit den gehackten Kräutern bestreut servieren.

Tipp: Sie können diesen Salat (wie jeden anderen Salat auch) auf gewaschene Salatblätter anrichten und dann mit hartgekochten, halben Eiern servieren.
Pro Person nehmen Sie dann 2 Eier.
Sie können abwechselnd auf die halben Eier 1 Prise Curry- oder Paprika-Pulver streuen oder auch einen Klecks Majo geben.

Sauer eingelegtes Gemüse

❖ **Zutaten:**

200 g Rettich
1 kleine Möhre
200 g Salatgurke
100 g Fenchel
1 Lauchzwiebel
1 Zitrone
1 EL Fenchelsamen, 1 TL Koriandersamen
1 Zimtstange
300 ml Weißweinessig
½ EL Streusüße
100 g grüne Oliven
1 EL Salz

❖ **Zubereitung:**

Rettich, Möhre, Salatgurke, Fenchel und Lauchzwiebel waschen und in dünne Scheiben schneiden. Gemüse in der Schüssel mit 1 EL Salz mischen, zirka 40 Minuten ziehen lassen. Das Gemüse in ein Sieb geben und mit kaltem Wasser abspülen, gut abtropfen lassen.

Zitronenschale mit einem Messer dünn abschälen und die Frucht auspressen. Fenchelsamen, Koriandersamen und Zimt im Mörser zerdrücken. Zitronenschale, den Saft, Weißweinessig, Gewürze, und Streusüße mischen.

Das Gemüse mit den Oliven in ein großes, steriles Einmachglas füllen, mit Essigmischung übergießen. Abgedeckt 4 Stunden in den Kühlschrank stellen. Das Glas hält sich gekühlt 3 – 4 Tage.

Gratinierte Tofubällchen

❖ **Zutaten:**

300 g Tomaten
300 g Zucchini
200 g Tofu
100 g geriebenen Parmesan
1 Zwiebel, 1 Knoblauchzehe
3 Zweige Thymian
30 g gemahlene Mandeln
1 Ei
3 EL Olivenöl
½ TL Salz (3 Mal)
2 – 3 Prisen Pfeffer (2 Mal)
2 – 3 Prisen Chilipulver

❖ **Zubereitung:**

Zucchini waschen, putzen und in feine Scheiben schneiden, in eine hohe Backform geben, mit Salz und Pfeffer mischen.
Tomaten waschen, fein würfeln und die Stielansätze entfernen, Zwiebel und Knoblauch schälen und fein hacken. Den Thymian waschen, trocken schütteln und Blättchen abstreifen. Tomaten, Zwiebel, Knoblauch und Thymian mit 2 EL Öl vermischen, salzen, pfeffern und auf den Zucchini verteilen.
Tofu mit der Gabel fein zerdrücken, mit Parmesan, Mandeln, Ei, Salz und Chilipulver sehr gründlich mischen und zu kleinen Bällchen (tischtennisballgroß) formen, auf dem Gemüse verteilen, mit dem restlichen Öl beträufeln und im Backofen bei 200 Grad 35 Minuten backen.

Auberginenlasagne

❖ Zutaten:

4 Auberginen
1 kg Tomaten
60 g Parmesankäse, 100 g geriebener Käse
1 kleine Zwiebel, 2 Knoblauchzehen
1 Bund frischer Basilikum, 1 EL getrockneter Thymian
5 EL Olivenöl, 3 EL Kürbiskernöl
50 g Kürbiskerne und 30 g für die Garnitur
1 EL Balsamicoessig
½ TL Salz, 2 – 3 Prisen Pfeffer

❖ Zubereitung:

Auberginen waschen, die Stielansätze entfernen und längs in 2 cm dünne Scheiben schneiden. 3 EL Olivenöl mit Thymian, Salz und Pfeffer verrühren. Auberginenscheiben auf ein Backblech verteilen, mit dem Öl bestreichen und 7 Minuten bei 180 Grad im Backofen backen. Scheiben wenden, weitere 7 Minuten backen.

Für die Soße: Tomaten waschen und vierteln, den geschälten Knoblauch und Zwiebel würfeln. Öl in einer Pfanne erhitzen, Knoblauch und Tomaten darin kurz anbraten und 10 Minuten leicht schmoren. Aus der Pfanne nehmen und durch ein Sieb streichen. Mit Salz und Pfeffer abschmecken.

Für das Pesto: Basilikum waschen, Blätter mit Kürbiskernen, Kürbiskernöl und Essig zu einem Pesto pürieren.

Die Lasagne auf 2 Tellern anrichten. Als erste Schicht: Auf jeden Teller 4 Auberginenscheiben legen und mit dem Pesto bestreichen. Dann wieder Soße und wieder 1 Scheibe Aubergine pro Teller mit Pesto bestreichen. Alles genauso weiterschichten. Mit Aubergine abschließen. Parmesan über die Lasagne hobeln. Mit Kürbiskernen garniert servieren.

LC - Schichtsalat

❖ Zutaten:

1 Stange Porree
1 großes Glas Spargel
1 kleines Glas Sellerie
1 kleines Glas Champignons
1 kleine Dose Mandarinen
1 kleine Dose Ananas (ohne Zucker)
4 hart gekochte Eier
200 g gekochten Schinken
100 g Mayonnaise
150 ml Milch, 1 EL Zitronensaft
1 EL Streusüße (evtl. Stevia)
½ TL Salz, ¼ TL Pfeffer
1 große Schüssel

❖ Zubereitung:

Porree in feine Ringe schneiden und das Gemüse abtropfen lassen. Eier und den gekochten Schinken klein würfeln. Die Mayonnaise mit Milch cremig rühren und mit Salz, Pfeffer, Zitronensaft und Streusüße würzen. In einer großen Schüssel (oder Becher) alles nacheinander schichten und anschließend die Mayonnaisemasse drauf geben.

Mango und Zucchini Salat

❖ **Zutaten:**

4 Zucchini
2 reife Mango
4 EL Sojasoße
½ TL Salz
2 Prisen Pfeffer
½ TL Curry

❖ **Zubereitung:**

Zucchini waschen und fein raspeln. Mango schälen und vierteln. Ein Viertel in feinste Streifen schneiden. Aus den anderen Vierteln den Saft auspressen. Die Sojasoße mit dem Mango-Saft verrühren und mit den Gewürzen abschmecken.

Gemüse mit Erdnuss-Soße

❖ **Zutaten:**

500 g frische grüne Bohnen (gar kochen)
4 Möhren (gar kochen)
500 g frischen Blumenkohl (gar kochen)
½ Staude Chinakohl
½ Salatgurke (in dünne Scheiben schneiden)
2 Kartons Kresse (klein schneiden)
5 hart gekochte Eier (vierteln)
½ TL weißer Pfeffer, ½ TL Salz

❖ **Zubereitung:**

Das Gemüse auf die Teller anrichten und würzen. Die Erdnuss-Sauce darüber geben.

❖ Zutaten für die Soße:

7 EL Erdnussöl
2 EL getrocknete Zwiebeln
2 Knoblauchzehen (zerdrücken)
2 TL Sambal Oelek
½ TL Shrimp-Paste
4 EL Erdnussbutter (ohne Zucker)
½ TL Salz
2 – 3 Prisen Pfeffer
2 EL Sojasoße
Ein paar Spritzer flüssiger Süßstoff
1 EL Zitronensaft

❖ Zubereitung:

Öl erhitzen und die Zwiebel darin goldgelb braten, abtropfen lassen. 2 EL Öl in die Pfanne und den Knoblauch, Shrimp-Paste und den Sambal Oelek darin anbraten.
Die Erdnussbutter und 1/8 Liter Wasser zufügen und ein paar Minuten kochen lassen. Die Soße mit den Gewürzen abschmecken und die Zwiebelflocken unterrühren.

Avocado-Grapefruitsalat
Zirka 29 KH, 40 MIN

❖ **Zutaten:**

1 Grapefruit
1 Avocado
2 EL trockener Weißwein
1 EL Zitronensaft
1 unbehandelte Zitrone für die Scheiben
1 EL Tomatenketchup (Zuckerreduziert)
½ Eisbergsalat
1 Eigelb
2 EL Olivenöl, ½ TL Senf, 1 EL Essig
2 EL frischen Schnittlauch
½ TL Chilipulver, ½ TL Salz, 3 Prisen Pfeffer

❖ **Zubereitung:**

Salat waschen und die Blätter ganz lassen.
Zitrone in Scheiben schneiden.

Für die Mayonnaise: Eigelb, Senf, Öl, Essig, Salz und Pfeffer, gut miteinander verrühren und kühl stellen.

Grapefruit halbieren, das Fruchtfleisch herausschneiden und in eine Schüssel geben.
Avocados halbieren, den Stein herausnehmen und das Fruchtfleisch in Würfel schneiden.
Mit der Grapefruit mischen und mit Zitronensaft und dem Wein beträufeln.
Salz, Pfeffer, Chilipulver und Ketchup dazugeben und alles vorsichtig mit der Mayonnaise vermischen. Schnittlauch in grobe Stifte schneiden. Eine Glasschüssel mit den Salatblättern auslegen und den fertigen Salat darauf anrichten.
Mit Zitronenscheiben garnieren und bis zum Servieren kühlstellen.

Grünkohl-Auflauf

❖ **Zutaten:**

400 g TK-Grünkohl
1 kleine Zwiebel
4 Möhren
100 g geriebener Käse
1 Ei
150 ml Gemüsebrühe
100 ml Sahne
2 EL Sonnenblumenöl
1 Prise Muskat
1 TL Salz
3 Prisen Pfeffer
½ TL Paprikapulver

❖ **Zubereitung:**

Zwiebel schälen, in Würfel schneiden.
Möhren schälen, in Scheiben schneiden.
Pfanne heiß werden lassen, das Sonnenblumenöl hinzu geben.
Zwiebel und Möhren darin anschwitzen.
Grünkohl zufügen und mitdünsten. Mit der Gemüsebrühe und den Gewürzen abschmecken.
Das Gemüse in eine gefettete Auflaufform geben.
Das Ei mit Sahne, etwas Salz und Käse verquirlen und über das Gemüse geben.
Im vorgeheizten Backofen bei 180 Grad zirka 35 Minuten überbacken.

Fischrezepte

Riesengarnelen in Wein

❖ **Zutaten:**

8 Riesengarnelen (tiefgefroren, roh)
1 Liter Gemüsebrühe (oder Fleischbrühe, Fischbrühe)
1 - 2 TL Salz
½ TL Pfeffer
½ TL Süßstoff
¼ Liter Weißwein
1 EL Johannisbrotkernmehl (bekommen Sie im Reformhaus)
12 Broccoli-Röschen (fertig garen - zirka 15 Minuten)

❖ **Zubereitung:**

Garnelen auftauen lassen, schälen und den Darm entfernen.
Die Garnelen am Rücken entlang einschneiden.
Die Brühe in einem Topf zum Kochen bringen und die Garnelen einlegen. 4 - 5 Minuten kochen lassen und wieder heraus nehmen.
Das Salz, den Süßstoff (nur ein paar wenige Spritzer) und den Wein in die Brühe geben.
Das Johannisbrotkernmehl mit wenig Wasser anrühren und unter Rühren in die kochende Brühe geben.
Die Soße einmal aufkochen lassen.
Die Garnelen nochmals 1 - 2 Minuten in der Soße erhitzen.
In einem tiefen Teller anrichten und mit den Broccoli-Röschen garnieren.

Gebackener Fisch mit Kokosnuss

❖ **Zutaten:**

400 g Fischfilet
100 g getrocknete Kokosnuss (gemahlen)
150 ml Sahne
80 ml Naturjoghurt
1 EL Zitronensaft
1 EL Orangensaft
½ TL Salz
½ TL Pfeffer
1 Prise Cayennepfeffer
3 EL Öl

❖ **Zubereitung:**

Die Sahne mit dem Joghurt und den Kokosnussflocken mischen und 10 Minuten kochen (dann erkalten lassen).
Das Fischfilet mit dem Zitronen/Orangen-Saft beträufeln und mit den Gewürzen einreiben.
In eine flache Form legen, die mit Butter ausgestrichen ist.
Mit der Sahne/Joghurt-Mischung bedecken und im Ofen 40 – 45 Minuten backen.

Garnelencocktail mit Meerrettich

❖ **Zutaten:**

700 g Spargel
200 g geschälte TK-Riesengarnelen
1 reife Papaya
1 kleiner Bund Schnittlauch
2 TL geriebener Meerrettich
½ TL Salz
1 Prise Pfeffer
2 EL Butter
150 Gramm saure Sahne
1 EL Tomatenmark
3 EL Zitronensaft
2 EL Orangensaft
3 EL Öl

❖ **Zubereitung:**

Spargel und Butter in kochendem Salzwasser etwa 9 - 11 Minuten kochen lassen. Herausnehmen, abtropfen und abkühlen lassen. Spargelwasser NICHT abschütten.

Garnelen im kochenden Spargelwasser kurz erhitzen und mit einem Sieb abgießen.

Papaya schälen und entkernen, Kerne beiseite stellen. Das Fruchtfleisch in dünne Scheiben schneiden.

Schnittlauch klein schneiden. Saure Sahne, Tomatenmark, Zitronen- und Orangensaft mit Salz, Pfeffer und Meerrettich abschmecken.

Öl und etwas Schnittlauch (die Hälfte zur Seite legen) unterrühren. Spargelstangen in etwa 4 cm lange Stücke schneiden, mit Papayascheiben und den Garnelen mischen und auf Tellern anrichten.

Mit der Soße beträufeln und mit den Papayakernen und dem restlichen Schnittlauch garnieren.

Jakobsmuscheln mit Safransoße

❖ **Zutaten:**

6 frische Jakobsmuscheln
1 reife Avocado
1 kleiner Chicorée
1 rote Chilischote
½ Orange (Schale reiben)
½ Zitrone (Schale reiben)
0,2 g Safranfäden
2 EL Butter
½ Becher Crème fraîche
1 Bund frische Kräuter
½ TL Pfeffer
½ TL Salz
1 EL Olivenöl
6 EL warmes Wasser

❖ **Zubereitung:**

Die Jakobsmuscheln waschen und auf Küchenpapier gut abtropfen lassen. Die Safranfäden in einer Tasse mit sehr warmem Wasser auflösen, mit Salz und Pfeffer und der Creme fraîche vermischen. Chilischote sehr fein schneiden.

Avocado schälen, dünne Streifen schneiden und etwas Zitronensaft darüber geben. Chicorée waschen und pro Portion drei Blätter auf den Tellern mit den Avocadoscheiben anrichten.

Orangen schälen und filetieren, mit Salz, Pfeffer, Öl, geriebener Schale der Zitrone und mit der kleingeschnittenen Chilischote marinieren. Pfanne heiß werden lassen und die Butter dazugeben. Die gepfefferten Jakobsmuscheln von jeder Seite 2 Minuten braten und danach von jeder Seite nochmals würzen.

Die Soße auf dem Salat verteilen, Orangenfilets und gebratene Jakobsmuscheln darauf setzen und mit frischen Kräutern anrichten.

Fischfilet mit Möhren

Für 2 Portionen / Pro Portion: 17 Gramm Kohlenhydrate

❖ **Zutaten:**

200 g Sellerieknolle
300 g Möhren
1 EL Rapsöl
125 ml Gemüsebrühe
1 kleine Stange Porree, Salz
2 Tomaten, ½ kleiner Bund Schnittlauch
4 EL Schlagsahne
1 TL Johannisbrotkernmehl, (pflanzliches Bindemittel)
2 TL Meerrettich, 400 g Fischfilet
Alufolie, Salz und Pfeffer

❖ Zubereitung:

Möhren und Sellerie schälen, waschen und in schmale Streifen schneiden. Öl in einem Bratentopf erhitzen, Möhren- und Selleriestreifen darin andünsten. Mit Gemüsebrühe aufgießen zugedeckt für ca. fünf Minuten dünsten. Währenddessen Lauch putzen, waschen, ebenfalls in Streifen schneiden und hinzufügen. Mit etwas Salz würzen. Tomaten mit heißem Wasser überbrühen, abziehen, entkernen und in Würfel schneiden. Schnittlauch waschen, trocken schütteln und in Röllchen schneiden. Die Hälfte der Tomaten und die Hälfte vom Schnittlauch zum Gemüse geben. Johannisbrotkernmehl unterrühren, danach die Sahne zugeben und kurz erhitzen. Meerrettich untermischen.
Fischfilet abspülen, trocken tupfen und in 2 Stücke schneiden. 2 große Stücke Alufolie ausbreiten und das Gemüse darauf verteilen. Mit den Fischfilets belegen und mit Salz und Pfeffer würzen. Die Alufolie schließen und die Päckchen auf einem Backblech im Backofen 15 Minuten bei 180 Grad Umluft im vorgeheizten Backofen garen. Die Päckchen kurz öffnen, mit den restlichen Tomaten und Schnittlauch bestreuen, wieder verschließen und servieren.

Fisch-Topf mit Schafskäse

Für 2 Portionen / Pro Portion: 10 Gramm Kohlenhydrate

❖ **Zutaten:**

1 kleine Zwiebel
2 Knoblauchzehen
2 EL Rapsöl
1 Dose Tomaten (400 g), stückig
Salz, Pfeffer
Majoran, Rosmarin
600 g gemischtes Seefischfilet z.B. Lachs, Seelachs oder Kabeljau
Olivenöl
Saft von ½ halben kleinen Zitrone
100 g Schafskäse (Feta)
50 g schwarze Oliven, entsteint
Ein paar Blätter frisches Basilikum

❖ **Zubereitung:**

Zwiebeln und Knoblauch schälen, Zwiebel würfeln, Knoblauch fein hacken oder pressen. Zwiebeln und Knoblauch in 1 EL Öl glasig dünsten, Tomaten hinzufügen und köcheln lassen, bis die Masse leicht dickt. Gelegentlich umrühren. Mit den getrockneten Kräutern, Salz und Pfeffer würzen. Fischfilet abspülen, trocken tupfen und in circa 2 cm große Stücke schneiden. Mit Zitronensaft und Olivenöl beträufeln, danach in die leicht köchelnde Tomatenmasse geben.
Schafskäse klein würfeln und darüber streuen.
Das Gericht für weitere 10 Minuten garen. Währenddessen Basilikum waschen, trocken schütteln und hacken. Oliven ebenfalls hacken. Oliven und Basilikum zur Fischsoße geben und servieren.

Sonstige Rezepte

Auberginenpaste

❖ **Zutaten:**
1 große Aubergine
½ Zwiebel
1 Knoblauchzehe
1 EL frische Kräuter
1 TL gemahlene Sesamkörner
1 TL Salz für das Kochwasser
½ TL Salz, 2 Prisen Pfeffer
1 EL Zitronensaft

❖ **Zubereitung:**
Aubergine schälen und im Salzwasser 10 – 15 Minuten kochen und mit einem Holzlöffel zerdrücken. Knoblauchzehe pressen, Zwiebel sehr fein schneiden, Zitronensaft und Kräuter mit dazu geben. Mit Salz und Pfeffer abschmecken.

Low Carb Zitronenlimonade

❖ **Zutaten:**
500 ml Mineralwasser
4 TL frischen Zitronensaft
2 – 3 Spritzer flüssiger Süßstoff

❖ **Zubereitung:**
Gefrorene Zitronen-Eiswürfel (8 Stunden vorher frosten)
Zubereitung: Alle Zutaten in eine Kanne geben und umrühren.

Tipp: Gefrostete Rosenblätter in Eiswürfeln sehen sehr toll aus!

Chili Ketchup

❖ **Zutaten:**

300 g reife Tomaten
100 g rote Paprika
1 Möhre
2 Zwiebeln
1 Knoblauchzehe
2 TL flüssiger Süßstoff
200 ml Essig
1 TL Sojasoße
1 TL Paprikapulver (süß)
1 Habanero
1 TL Dill
1 TL Petersilie
1 TL Schnittlauch
1 TL Liebstöckel
1 Lorbeerblatt
1 TL Johannisbrotkernmehl (mit 2 EL Wasser anrühren)
1 TL Salz
2 – 3 Prisen Pfeffer

❖ **Zubereitung:**

Küchenfertige Möhre, Tomaten, Paprika, Habanero und Zwiebeln in kleine Würfel schneiden, den Knoblauch pressen und mit einem Lorbeerblatt kurz aufkochen und 15 Minuten schwach weiter kochen.
Die Masse durch ein Küchensieb streichen.
Die anderen Zutaten und Gewürze hinzugeben und mit Salz und Pfeffer abschmecken.
Das Ganze 50 Minuten auf mittlerer Temperatur köcheln lassen. Der Ketchup sollte dickflüssig sein. Eventuell noch 1 TL Johannisbrotkernmehl hinzu geben und weitere 10 Minuten köcheln lassen.
In ein „sterilisiertes" Glasgefäß füllen und abkühlen lassen.
Gekühlt ist der Ketchup ein paar Wochen haltbar.

Bärlauch Pesto

❖ **Zutaten:**
100 g frische Bärlauchblätter (feinschneiden)
50 g Pinienkerne
100 g geriebener Parmesankäse
½ TL Salz, 1/3 TL Pfeffer
150 ml Olivenöl
1 EL Zitronensaft

❖ **Zubereitung:**
Die Bärlauchblätter mit den Pinienkernen und dem Olivenöl pürieren. Zitronensaft, Salz, Pfeffer und den Parmesankäse dazugeben. In ein dunkles Glas füllen.
Im Glas muss ein cm Olivenöl über der Pesto stehen.
Im Kühlschrank hält sich das Pesto zirka 3 – 4 Wochen.

Spiegeleier mit Gemüse

❖ **Zutaten:**
6 Eier
400 g Brokkoli
2 Tomaten
1 Zwiebel, 1 Knoblauchzehe
½ TL Salz
1/3 TL Pfeffer

❖ **Zubereitung:**
Brokkoli 8 – 10 Minuten im Salzwasser garen. Die Tomaten, Zwiebel, Knoblauch würfeln.
Die Pfanne heiß werden lassen, Öl hinzugeben. Zwiebel etwas andünsten. Gewürze, Knoblauch, Tomaten hinzugeben. Den gewürfelten Brokkoli und die Eier über die Masse schütten und vorsichtig stocken lassen.

Beschwipste Himbeeren

❖ **Zutaten:**
500 g frische Himbeeren
1 EL Streusüße (evl. Stevia)
½ TL gemahlener Pfeffer
ein paar Tropfen Backaroma-Vanille
6 cl schottischen Whisky

❖ **Zubereitung:**
Die Himbeeren leicht süßen (wenn überhaupt).
Den frisch gemahlenen Pfeffer darüber geben und am Schluss
den Whisky mit der Vanille vorsichtig umrühren.

Pfefferminz - Bowle

❖ **Zutaten:**
Viele Eiswürfel zubereiten (Frostzeit: 5 – 7 Stunden)
1 L kalter Pfefferminztee (mit Süßstoff – zirka: 3 – 4 TL)
2 TL Zitronensaft
1 Flasche Sekt
1 Handvoll frische Pfefferminz-Blätter

❖ **Zubereitung:**
Alle Zutaten miteinander mischen.

Schokoladencreme

❖ **Zutaten:**

200 ml Sahne
2 EL Kakao (ohne Zucker), 1 TL Zimt
60 g gemahlene Haselnüsse
60 g geschmolzene Butter
2 TL flüssigen Süßstoff

❖ **Zubereitung:**

Butter schmelzen und mit den Zutaten vermischen. Die Schokoladencreme ist im Kühlschrank 3 – 4 Tage haltbar. Sie schmeckt sehr gut auf Low Carb Brot/Brötchen.

Gemüsesticks mit Joghurt-Dip
Zirka 14 KH, 16 MIN

❖ **Zutaten:**

300 g gemischtes Gemüse
z. B.: Kohlrabi, Möhren, Paprika Kohlrabi
2 EL frischer, geschnittener Schnittlauch (oder getrockneter)
2 EL frischer, geschnittener Petersilie (oder getrockneter)
1 Beet Gartenkresse, 1 kleiner Apfel
Zirka 200 g Naturjoghurt (10% Fett)
1 EL Zitronensaft, ½ TL Salz, 3 – 4 Prisen Pfeffer

❖ **Zubereitung:**

Das Gemüse putzen und in Stifte schneiden. Schnittlauch und Petersilienblätter in feine Röllchen schneiden. Den Apfel schälen, entkernen und fein würfeln – mit dem Zitronensaft (1/2 EL) mischen. Joghurt mit Salz, Pfeffer und ½ EL Zitronensaft mischen. Gartenkresse mit der Schere abschneiden und die Hälfte mit dem Apfel und den Kräutern unter den Joghurt mischen. Den Rest der Kresse darüber streuen.

Avocado-Dip
Zirka 14 KH, 10 MIN

❖ **Zutaten:**

1 Scheibe Low Carb Brot
½ Avocado
3 kleine Tomaten
3 EL körniger Frischkäse
2 EL Zitronensaft
3 – 4 Prisen Salz
2 Prisen Pfeffer

❖ **Zubereitung:**

Tomaten waschen und den Stielansatz entfernen. Die Tomaten halbieren.
Die ½ Avocado schälen und den Stein entfernen.
Fruchtfleisch mit 2 TL Zitronensaft in eine Schüssel geben und fein zerdrücken (mit einer Gabel).
3 EL körnigen Frischkäse zur Avocado geben, untermischen und mit Salz und Pfeffer würzen.

Milchschnitte mit Mandelmilch
15 Minuten, 10 Stück

❖ **Zutaten für den Teig:**

4 Eiweiß (Hühnereier trennen)
70 g Eiweißpulver mit Schokogeschmack
3 Eigelbe
2 TL Kakao ohne Zucker
1 TL Backpulver
100 ml Mandelmilch

❖ **Zutaten für die Creme:**

250 g Magerquark
30 g Eiweißpulver mit Vanillegeschmack

❖ **Zubereitung für den Teig:**

Hühnereier trennen und das Eiklar steif schlagen.
In einer 2. Schüssel aus den restlichen Zutaten (Schoko-Eiweißpulver, Eigelbe, Kakao, Backpulver) einen Teig rühren - die Mandelmilch vorsichtig hinzu geben.
Steifes Eiweiß und den Schokoteig vorsichtig vermischen und auf ein Blech (mit Backpapier auslegen) geben und glatt streichen. Bei 150 Grad zirka 16 Minuten backen.

❖ **Zubereitung für die Creme:**

Das Vanille-Eiweiß mit wenig (Tropfenweise) Mandelmilch verrühren. Es sollte eine sehr zähflüssige Masse sein! Den Quark hinzu geben und verrühren.
Im Kühlschrank für zirka 3 – 4 Stunden kalt stellen.
Die abgekühlten Schoko-Stücke in 20 Stücke teilen.
10 Stücke mit der Eiweiß-Masse bestreichen und eine Schoko-tafel darauf setzen.
Die Milchschnitten halten sich 3 Tage im Kühlschrank.

Grünkohlchips (100 g)
Zirka 4 KH, 90 MIN

❖ **Zutaten:**

Zirka 100 g geputzten Grünkohl
Zirka 2 g Macisblüte
½ TL Koriandersaat
½ TL Pigmentkörner
4 Prisen Zimtpulver
½ TL Sumach
½ TL Salz

❖ **Zubereitung:**

Den Grünkohl putzen (das Grüne von den mittleren und harten Rippen abzupfen). Den Grünkohl waschen und trocken tupfen. In chipsgroße Stücke rupfen.

Die Kohlstücke auf ein Backblech (mit Backpapier auslegen) legen. Nicht zu dicht und auch nicht übereinander legen!

Im vorgeheizten Backofen bei 130 Grad auf der 2. Schiene zirka 10 Minuten knusprig garen.

Die Backofentür mit einem Holzlöffel einen Spalt breit offen halten.

Eine Pfanne heiß werden lassen und den Koriander leicht rösten, abkühlen lassen.

Den abgekühlten Koriander zusammen mit Macisblüte, Pigmentkörner in der Küchenmaschine fein mahlen.

Mit Zimt, Sumach und Salz mischen und zu den Grünkohlchips servieren.

Macis oder Mazis (auch Muskatblüte genannt), wird der Samenmantel der Frucht des Muskatnussbaums genannt. Getrocknet oder auch gemahlen wird Macis zum Würzen von Fleischgerichten, Wurst und Gebäck verwendet.

Sumach schmeckt sehr fruchtig und sauer und wird in vielen Ländern ähnlich wie Zitrone genutzt.

Erdbeerbrot
Zirka 19 KH, 25 MIN

❖ **Zutaten:**

100 g Doppelrahmfrischkäse
2 EL trockener Wein
200 – 300 g Erdbeeren
3 Prisen Pfeffer
2 MSP Salz
2 EL frische Minzeblätter zum Garnieren
1 Scheibe Low Carb Brot

❖ **Zubereitung:**

Käse mit dem Wein cremig rühren und mit Salz abschmecken.
Erdbeeren waschen, Stiele auszupfen und die Früchte mit Küchenpapier trocken tupfen und dann halbieren.
Die Brotscheiben mit dem Käse bestreichen und mit den Erdbeerhälften belegen.
Die Brote mit dem Pfeffer bestreuen, mit der Minze garnieren.

Tipp: Wenn Sie dieses Gericht für die Arbeit mitnehmen möchten, dann schneiden Sie sich Brotscheiben, halbieren die Erdbeeren.
Erdbeeren, die Minzeblätter und die Käsecreme getrennt in Frischhaltedosen aufbewahren. Erst am Arbeitsplatz anrichten.

Mexikanischer Salsa-Dipp
Zirka 12 KH, 35 MIN

❖ **Zutaten:**
4 kleine Tomaten
1 Zehe Knoblauch
½ Bund frischer Koriander
1 kleine grüne Chili
1 Frühlingszwiebel
1 EL Schnittlauch
1 EL Olivenöl
1 EL Zitronensaft
½ TL Streusüße (Süßstoff)
½ TL Paprikapulver
½ TL Currypulver
½ TL Salz

❖ **Zubereitung:**
Tomaten fein würfeln. Knoblauch fein würfeln, Chili entkernen und fein hacken. Frühlingszwiebel in feine Ringe schneiden, Koriander und Schnittlauch grob schneiden, mit den übrigen Gewürzen und Zutaten in einer Schüssel mischen.

Tipp: Für eine sehr grobkörnige Salsa werden sämtliche Zutaten in eine Schüssel gegeben und gut durchgerührt.
Die Salsa hält sich 3 Tage im Kühlschrank und passt zu Brot, Fleisch- und Fischgerichten.

Suppen

Kokos-Spargel Suppe

❖ **Zutaten:**

500 g Spargel
1 Zwiebel
1 Möhre
750 ml Gemüsebrühe
100 ml flüssige Sahne
3 EL Kokoscreme
2 Prisen Pfeffer
½ TL Salz
2 EL Sonnenblumenöl

❖ **Zubereitung:**

Zwiebel, Möhre schälen, in feine Scheiben schneiden und in Öl zirka 8 Minuten garen.

Spargel waschen in Stücke schneiden, in der Pfanne zirka 10 Minuten mit dünsten.

Alles in einen hohen Topf geben, Gemüsebrühe, Sahne und Kokoscreme sowie Gewürze hinzu geben, kurz aufkochen.

Lamm Eintopf

❖ **Zutaten:**

500 g Lammfleisch
2 Zwiebeln
150 g Aubergine
50 g Datteln
½ Zitrone
2 EL Olivenöl
½ TL Salz
2 – 3 Prisen Pfeffer
½ TL Currypulver
1 Zimtstange
500 ml Gemüsebrühe
2 Zweige Thymian
1 Lorbeerblatt

❖ **Zubereitung:**

Das Lammfleisch abspülen, trocken tupfen und in Würfel schneiden. Aubergine waschen, putzen und in Stücke schneiden. Zwiebeln schälen und fein würfeln. Datteln entkernen und klein schneiden. Zitronenschale ab raspeln und die Frucht auspressen.

Einen hohen Bräter heiß werden lassen, das Olivenöl darin erhitzen und das Fleisch knusprig anbraten, würzen und bei Seite stellen. Gemüse im Bratenfond anbraten, die Gewürze, Fleisch und Datteln zugeben und die Gemüsebrühe dazu geben. Alles aufkochen und zirka 25 Minuten schmoren lassen. Zitronenschale, den Saft und Thymian hinzugeben. Weitere 25 Minuten leicht schmoren lassen. Zimtstange und Lorbeerblätter herausnehmen. Lamm-Topf abschmecken.

Gemüse-Fischsuppe

❖ **Zutaten:**

1 Lauchzwiebel
200 g Zucchini
200 g Kohlrabi
1 Möhre
1 EL Olivenöl
0,1 g Safranfäden
1 EL Tomatenmark
½ TL Harissa (Chilipaste)
½ TL Kreuzkümmelsamen
200 ml Fischfond
400 g Kabeljaufilet
½ Bund Petersilie
½ TL Salz
3 Prisen Pfeffer
400 ml Wasser

❖ **Zubereitung:**

Lauchzwiebel und Kohlrabi schälen und in kleine Würfel schneiden. Zucchini, Möhre putzen und würfeln. Olivenöl in einem großen Topf erhitzen, die Lauchzwiebel mit Safran, Tomatenmark und Harissa darin andünsten. Gewürze zugeben und kurz mitbraten. Gemüse hinzugeben und unter Rühren andünsten. Fischfond und 400 ml Wasser hinzufügen.
Alles aufkochen und zirka 10 Minuten kochen lassen.
Fisch abspülen, in Stücke schneiden.
Petersilie waschen und klein hacken. Fischstücke zur Suppe geben und darin etwa 10 Minuten bei mittlerer Hitze garen.
Suppe mit Salz und Pfeffer abschmecken.
Die Suppe mit Petersilie bestreuen.

Gemüse Joghurt Suppe

❖ **Zutaten:**

1 Zucchini
1 kleine Möhre
1 gelbe frische Paprika
1 kleine Zwiebel
1 Knoblauchzehe
1 EL Zitronensaft
300 g Joghurt
400 ml Gemüsebrühe
2 Eier
2 EL Olivenöl
½ TL Salz
3 – 4 Prisen Pfeffer
2 EL Kräuter

❖ **Zubereitung:**

Paprika, Möhre, Zucchini putzen, waschen und würfeln, Knoblauchzehe, Zwiebel sehr klein würfeln. Paprika, Möhre, Zucchini, Zwiebel in Olivenöl andünsten, zum Schluss den Knoblauch dazu geben. Den Joghurt mit der Brühe und den Eiern im Topf verquirlen und unter ständigem Rühren heiß werden lassen (nicht kochen).
Den Topf vom Herd nehmen und mit Salz und Pfeffer abschmecken.
Die Joghurtsuppe mit einem Stabmixer aufschäumen und das Gemüse in die Suppe geben, mit den frischen Kräutern bestreuen.

Arabische Zwiebelsuppe

❖ Zutaten:

5 Zwiebeln
2 Lauchzwiebeln
1 rote Paprika
1 gelbe Paprika
3 Tomaten
2 Knoblauchzehen
1 kleine rote Chilischote
750 ml Gemüsebrühe
1 kleiner Bund Minze
1 kleiner Bund Koriander
2 EL Zitronensaft
½ TL Salz
2 – 3 Prisen Pfeffer
3 EL Olivenöl

❖ Zubereitung:

Zwiebeln, Lauchzwiebeln, Paprika schälen und in dünne Scheiben schneiden. Tomaten schälen und in Scheiben schneiden, Knoblauch grob hacken, Chilischote (Kerne entfernen) in Ringe schneiden, Kräuterblätter von den Stielen lösen und grob hacken.

Olivenöl in einem Topf erhitzen und die Zwiebeln, Lauchzwiebeln darin leicht andünsten. Paprika, Tomaten und Knoblauch zugeben und zirka 20 Minuten bei leichter Hitze dünsten und die Brühe zu gießen, die Hälfte der Kräuter zugeben. Kurz aufkochen lassen und bei reduzierter Hitze 10 Minuten köcheln lassen.

Mit Salz, Pfeffer und Zitronensaft abschmecken. Mit den Kräutern bestreuen und servieren.

Hackfleisch-Kichererbsensuppe

❖ Zutaten:
400 g Hackfleisch
250 g Joghurt
100 g gegarte Kichererbsen
100 g rote Linsen
1 große Zwiebel, 1 Knoblauchzehe
1 Bund Petersilie, 1 Bund Schnittlauch
1 Bund Koriander, 1 Bund Dill, 2 EL Minzeblätter
100 g saure Sahne
½ TL Salz, 2 – 3 Prisen Pfeffer, 1 TL Kurkuma
4 EL Olivenöl
750 ml Wasser

❖ Zubereitung:
Zwiebel schälen und klein schneiden. Das Hackfleisch mit der halben Zwiebel mischen, salzen, pfeffern und Bällchen (Tennisballgröße) daraus formen.

2 EL Olivenöl in einem großen Topf erhitzen und die restliche Zwiebelmasse darin goldbraun braten, Salz, Pfeffer und die Hälfte der Kurkuma unterrühren, mit 750 ml Wasser aufgießen. Die Kichererbsen mit dem Sud zusammen zu den Linsen geben und aufkochen lassen. Die Hackbällchen hineinlegen und die Suppe nochmals 20 – 25 Minuten köcheln lassen. Kräuter waschen und trockentupfen, fein hacken, **Minze bei Seite legen**. Die Kräuter in die Suppe geben und weiter köcheln lassen.

Knoblauch in dünne Scheiben schneiden. 2 EL Olivenöl in einer kleinen Pfanne erhitzen, den Knoblauch und die restliche Kurkuma leicht anbraten, Minze dazugeben und die Pfanne vom Herd nehmen.

Joghurt mit etwas heißer Suppe mischen und in die Suppe rühren. Die Suppe darf nicht mehr kochen. Die Knoblauchmasse aus der Pfanne zur Suppe geben.

Schlussworte

Ausgewogen zu essen ist gar nicht so schwierig. Ob man tatsächlich die Weisheit mit Löffeln essen kann und ob Schokolade glücklich macht, ist wissenschaftlich nicht bewiesen. Es gibt weder bestimmte Lebensmittel noch Zauberpillen, die man nur zu schlucken braucht, um eine „Intelligenzbestie" zu werden.

Die Intelligenz ist angeboren und kann nicht durch bestimmte Nahrungsmittel gesteigert werden. Die Konzentrationsfähigkeit und die Funktion bestimmter Gehirnvorgänge hingegen kann mit der richtigen Ernährung positiv beeinflusst und in Schwung gehalten werden. Natürlich werden wir durch Lebensmittel nicht klüger. Die in ihnen steckenden Vitamine und Mineralstoffe können jedoch Leistungstiefs, Konzentrationsschwäche, Stress und Müdigkeit vorbeugen. Wer aber versucht, durch Supplemente seine Hirnleistung zu fördern, kann vielmehr genau das Gegenteil erreichen. Zum Beispiel „Tryptophan im Übermaß" macht müde und zu viele Omega-6-Fettsäuren schädigen das Nervensystem.

Das Gehirn ist das Organ des Menschen, das am meisten Fett enthält. Es ist besonders reich an instabilen ungesättigten Fettsäuren. Dadurch ist die Gefahr, von „freien Radikalen" angegriffen und zerstört zu werden, für die Membranen der Nervenzellen besonders hoch und da das Gehirn außerdem extrem viel Sauerstoff verbraucht, entstehen im Gehirn ohnehin größere Mengen „freier Radikale" als in anderen Organen. Schäden an den Gehirnnerven können jedoch die Gehirnleistung nachhaltig schmälern und sogar zu degenerativen Gehirnerkrankungen wie Demenz und Morbus Alzheimer führen.

Im Schaub Institut gibt es über 200 Bücher und Unterlagen von verschiedenen Ernährungsformen. Fast alle kommen zu einem gemeinsamen Ergebnis, dass zwischen Nahrungswahl und Gesundheitszustand ein Zusammenhang besteht. Unsere Verdauungsorgane sind das Wurzelsystem unseres Körpers. Verbraucher sollten die Zutatenliste vieler vermeintlich gesunder Lebensmittel genauer unter die Lupe nehmen. Besonders kritisch für Betroffene ist zugesetzte „freie" Fruktose auf Getreidebasis, die nicht aus den im Lebensmittel verarbeiteten Früchten stammt.

Pharmakonzerne verheimlichen gefährliche Nebenwirkungen mit teilweise tödlichen Folgen. Das ist Organisierte Kriminalität! Tempora mutantur - Die Zeiten ändern sich und wir ändern uns in ihnen.

Die Zeiten verändern sich, und im Zeitgeist manipulieren sind diese Konzerne des gegenwärtig stattfindenden heimlichen 3. Weltkrieges unbestritten Weltmeister.

Sicherlich ist es unendlich wichtig, dass wir im Risikofall auf hilfreiche Chemie zurückgreifen können, um dem Tod zu entgehen. Doch die Macht- und Profitgier, die auf diesem Boden Nahrung findet, kann nicht übertroffen werden. Wer glaubt, dass die Mafia nur italienisch spricht, der irrt. Sie spricht vor allem lateinisch. Pharmakonzerne verheimlichen gefährliche Nebenwirkungen mit teilweise tödlichen Folgen; deren Handlanger in nahezu allen Bereichen des öffentlichen Lebens, in der Politik und vor allem bei den Medien sitzen.

Inkompetenz und Stümperei sind hier weniger als anderswo ein Hindernis für die Karriere. Soweit es eine Pharmaunabhängige Fortbildung überhaupt noch gibt, kostet sie viel Geld, das der Allgemeinmediziner nicht übrig hat. Aus all dem resultiert ein zumindest sehr unterschiedlicher Wissenstand der Ärzte, was sinnvolle oder gar optimale Therapie chronisch Kranker angeht.

Nutzlose Medikamente, Zwangsimpfungen, Chemo oder Bestrahlungen und OPs, die der Patient überhaupt nicht baucht, werden jahrelang an uns ausprobiert und bringen dem Pharma-Kartell Milliarden. Außerdem haben sie das Leben von mittlerweile Millionen Tieren in Versuchslabors gekostet. Die Lage des Patienten ist in ökonomischer Hinsicht betrüblich, in medizinischer gefährlich und in juristischer aussichtslos. Das Kollektiv der betrogenen Versicherten ist die Gemeinschaft derer, die noch einmal mit ihrer Gesundheit davongekommen sind und mit ihren Zahlungen zum Fortbestand des korrupten

Gesundheitswesens beitragen. Unser deutsches Krankenversicherungssystem entpuppt sich bei genauerem Hinsehen als gigantisches Ausbeutungssystem gegenüber den Versicherten, indem es dem bedingungslosen und blindwütigen Therapieren und Operieren Vorschub leistet.

Seit Jahren decken mutige Journalisten die vorherrschende Korruption auf, die neben hochrangigen Ärzten und Politikern sowie gemeinnützigen Vereinen und Institutionen sogar die Chefetagen führender Fernsehsender und Zeitungsverleger infiltriert hat. Genützt hat es bis heute nicht viel. Die Zeche zahlt immer noch der Steuerzahler mit immer unverschämteren Leistungskürzungen und Beitragserhöhungen. Die Pharmaindustrie hat sich im Sinne des § 331 in unser politisches Entscheidungssystem hinein korrumpiert. Das Annehmen von Vorteilen und das sich als bestechlich „Bereitzeigen" ist im Grunde immer auch eine aktive Handlung/Haltung. Man erwartet nun mal, dass einem der Arzt hilft.

In Bezug auf den Glauben zu Gott gibt es das Sprichwort: Hilf dir selbst, so hilft dir Gott. Diese mittelalterliche Weisheit taucht schriftlich fixiert im 16. Jahrhundert beim Schriftsteller Justus Georg Schottelius in der Form: „Mensch, hilf dir selbst, so hilfet Gott mit" auf. Es gibt in Deutschland Ärzte, die verschreiben Kindern leichtfertig Antidepressiva! Ich (Jutta Schütz) frage mich, was das für Eltern sind, die auf die Idee kommen ihrem vierjährigen Kind einfach mal präventiv Antidepressiva zu geben. Bei Antidepressiva ist es sehr gravierend, weil da ja mehr oder weniger auch die Hirnstruktur verändert wird. Auch Barack Obama hat den Zorn des pharmazeutisch-industriellen Komplexes auf sich gezogen. Er versuchte, das US-amerikanische Gesundheitssystem zu reformieren, das derzeit 47 Millionen Bürger dieses Landes außen vor lässt. Hier stehen gigantische Summen auf dem Spiel, denn die Gesundheitsausgaben in den USA machen 18 Prozent des Bruttoinlandsproduktes aus.

Aber hier in Deutschland gilt immer noch: Return of invest! Was man reinsteckt, muss auch wieder rauskommen. In diesem Sinne: Lesen gefährdet die Dummheit!

Jede neue Erkenntnis muss zwei Hürden überwinden: Das Vorurteil der Fachleute und die Beharrlichkeit eingeschliffener Denkweisen. Irrlehren in der Wissenschaft brauchen 50 Jahre, bis sie ausgemerzt sind, weil nicht nur die alten Professoren, sondern auch ihre Schüler aussterben müssen! Max Planck (Deutscher Nobelpreisträger).

Rezensionen zum Buch
"Plötzlich Diabetes"
Demnächst in 4. Auflage

Dr. Matthias Riedl schreibt über das Buch im Diabetes Blog:
Sehr geehrte Frau Schütz,
ich kann Ihr Buch aus ärztlicher Sicht ebenfalls sehr empfehlen. Es hilft anderen Betroffenen, ihre eigenen Ängste besser zu überwinden, wenn sie merken, wie andere es gemacht haben. Lesenswert! Diese Hilfe kann nur von Betroffenen geleistet werden. So relativieren sich schnell die eigenen Ängste. Nach dem ersten Schock mit der Diagnose Diabetes braucht die Seele ein paar Monate zur Akzeptanz. Dann geht das Leben weiter. Übrigens meist ohne Einschränkung der Lebenserwartung – wenn alle, Patienten und Ärzte - gut zusammenarbeiten. Genau dies haben sich das medicum Hamburg und ich persönlich zum Ziel gesetzt. Mit freundlichen Grüßen - Ihr Dr. Matthias Riedl (ärztlicher Leiter medicum Hamburg)
Dr. med. Matthias Riedl ist Facharzt für Innere Medizin und arbeitet als Diabetologe (Deutsche Diabetes Gesellschaft, Ärztekammer Hamburg) und Ernährungsmediziner. Außerdem ist er bekannt durch den Sender NDR mit der Sendung „Die Ernährungsdocs", die er seit 2012 mit dem NDR und seinen Kollegen Anne Fleck und Jörn Klasen konzipiert. Weitere Quellen über Diabetes und Co.:
https://www.medicum-hamburg.de/de/aerzte/dr-med-matthias-riedl/

Text: © Doris Linden

Doris Linden, 56 Jahre, verheiratet, 4 Söhne im Alter von 33 bis 40 Jahren, 3 Enkelkinder von 11-13 Jahre, die mir Grund genug geben, für sie gesund zu bleiben.

Ich bin seit ca. 8 Jahren Diabetikerin, Typ II und leide wie viele Diabetiker an Übergewicht, dass vornehmlich dafür eine der Ursachen ist. Zuerst reichten noch Medikamente aber seit ca. 6 Jahren spritze ich ein Basis- und ein Korrektur-Insulin.

Aus Erfahrung weiß ich, dass die Krankheit bei nicht gut eingestelltem Blutzucker oft mit Amputationen, Blindheit und Nierenversagen, Zerstörung der Nerven endet, demzufolge auch große Schmerzen, die mit herkömmlichen Medikamenten kaum zu behandeln sind.

Denn ich musste miterleben, wie meine Eltern, die beide an Diabetes erkrankt waren, zu unserem Pflegefall wurden und letztlich auf tragischste Weise an den Folgen dieser Krankheit viel zu früh starben und man sollte meinen, ich sei gewarnt. Doch alle meine bisherigen Versuche blieben erfolglos, bis....

Im Herbst 2008 stiegen meine Blutzuckerwerte wieder einmal bedrohlich an. Mein Langzeitwert lag bei 10,7; der höchste gemessene Tageswert betrug 562. Mein Arzt sprach von einer Insulinresistenz, denn meine tägliche Insulindosis musste ich bis zu 100E erhöhen. Er wies mich daraufhin in die Diabetes-Klinik in Haan/bei Düsseldorf ein. Zu dieser Zeit erwähnte ich in einem geschäftlichen Telefongespräch mit Herrn Schütz, dass ich wegen eines Krankenhausaufenthaltes eine Weile nicht erreichbar wäre. Er meinte, es sei hoffentlich nichts Schlimmes. Ich erklärte kurz, dass es nichts Tragisches wäre und worum es ging. Das war ein ausschlaggebender Moment. Er riet mir zu dem Buch „Plötzlich Diabetes und wie ich mich davon befreien konnte", dies hätte seine Frau geschrieben, die Dank einer Kostumstellung, von ihrem anfänglichen Diabetes vollkommen befreit war. Das machte mich zwar sehr aufmerksam aber ich wollte mich doch lieber erst mal einer professionellen stationären Behandlung unterziehen, was ich dann auch tat.

Jedoch einige Monate danach, meine Werte stiegen wieder ins „Unendliche", ergab sich erneut ein Gespräch mit Herrn Schütz. Er bestellte mir Grüße von seiner Frau, ich dürfe sie auch gerne einmal anrufen. Für diese Unterhaltung bedanke ich mich hier noch einmal herzlich bei Jutta Schütz, denn dadurch wurde ich in meinem Vorhaben bestärkt. Anfang Oktober 2009 begann ich dann, mit liebevoller Unterstützung meines Mannes, meine Kost umzustellen. Zuerst aß ich kein Brot mehr und keine Beilagen, entfernte alles mehl- und stärkehaltiges aus meinem Speiseplan. Zum Frühstück Ei oder Gurke mit selbst gemachtem Kräuterquark, den ich über alles liebe und auch mal „einfach so" löffle. Mittags viel Gemüse mit Fleisch, abends zum Knabbern Gemüse. Zwischendurch auch mal Joghurt und Obst. Ich habe mir ein kleines Büchlein für ein Tagesprotokoll angelegt, zur Übersicht und Gedankenstütze und natürlich auch als Erfolgsbilanz.

Mein Blutzuckerspiegel hatte zu diesem Zeitpunkt einen Durchschnittswert von 262, mein Gewicht betrug 106,7 kg, meine Insulin EH: Basal: 36 Einheiten (EH) abends und Korrektur-Insulin 18 EH/BE (Broteinheit) (wenn man bedenkt, dass 1 Brötchen schon 2 BE enthält). Am 6. Oktober war mein erster Tag und der Nüchtern-BZ lag bei 260. Der Anfang war gemacht.

Am 17. Oktober zeigte meine Waage 101,5 kg an, mein Nüchtern-BZ 113, mein Tages-BZ lag mittlerweile konstant im Bereich 100-120, mein Korrektur-Insulin bei 11EH/BE.

In der **2. Woche schon** notierte ich:
- kein Sodbrennen
- keine Blähungen
- weniger schwitzen
- nachts besser schlafen
- nicht mehr diese schreckliche Müdigkeit am Tage

ich konnte es kaum glauben, diese schnelle und stark erkennbare, positive Veränderung, die auch meinen Mann verwunderte. Ich fühlte mich leicht, wohl und fit, konnte mich auch merklich besser konzentrieren.

Das allein war schon ein großer Erfolg. Mittlerweile hatte ich meine eigene Kostzusammenstellung gefunden, sich vorzüglich für Leute eignet, die am Schreibtisch arbeiten. Für mich persönlich habe ich ein neues Getränk entdeckt, dass man als Diabetiker trinken darf: Zero Getränke, wie Cola Zero Sprite Zero, sie sind ohne Kohlenhydrate und ohne Kalorien, allerdings mit Koffein. Mir bekommt es. Allerdings muss ich sagen, ich bin auch schon einige wenige Male „vom Weg abgewichen". Dabei musste ich feststellen, dass Brot mir nicht gut bekommt. Zwar hatte ich vor der Kostumstellung die gleichen Beschwerden auch aber ich wäre niemals auf die Idee gekommen, dass Brot die Ursache dafür sein könnte. Nun kann ich wieder Zwiebeln, Knoblauch, Kohl essen. Es belastet nicht mehr.

Am 19. November hatte ich ein Gewicht von 97,8, mein BZ-Spiegel lag inzwischen bei 80 bis 105, mein Korrektur- Insulin bei 11EH/BE, Basal-Insulin bei 27 EH/BE und am 21. November komme ich schon mit 2 x 15 EH Korrektur-Insulin pro Tag aus.

Um Weihnachten hat sich leider alles wieder etwas erhöht, was sich dann aber Anfang des Jahres, allerdings nur sehr langsam, wieder senkte. Den ersten Schritt habe ich auf jeden Fall erreicht, dass ich mit einem gut eingestellten Blutzucker nicht mehr dieser tückischen Gefahr ausgesetzt bin, wie meine Eltern langsam dahinzusiechen. Den zweiten Schritt werde ich auch erreichen, indem ich in absehbarer Zeit mit Low Carb ganz von dieser Geißel Diabetes befreit bin. Zum Schluss möchte ich Frau Jutta Schütz für ihr Engagement und Ihren Kampfgeist danken, ohne den ich niemals diesen gesundheitlichen Erfolg gehabt hätte.

LOW CARB Buchtipps

Sie suchen nach Abwechslung für Ihre Low Carb Ernährung?

Die Low Carb Ratgeber enthalten umfangreiche Rezepte, ganz gleich ob Sie abnehmen wollen, gesünder essen möchten, Rezepte für die Familie, für unterwegs, oder für Festlichkeiten suchen – es gibt für jede Situationen die passenden Rezepte. Sie lernen auch die Grundlagen von Low Carb kennen und wissen so immer ganz genau, was Sie essen dürfen. Infos: www.jutta-schuetz-autorin.de/

LOW CARB
kohlenhydratarme Ernährung

Reizdarm-Patienten vertragen oft kein normales Brot

Das Buch: LOW CARB für Berufstätige mit empfindlichem Darm beinhaltet schnelle, einfache und alltagstaugliche Rezepte

Als mögliche Auslöser der Reizdarm-Beschwerden gelten sogenannte FODMAPs, niedermolekulare Zucker, die im Korn gespeichert werden. Im Körper können sie Blähungen und Bauchschmerzen verursachen. Es gibt viele verschiedene Verdauungsprobleme, wie etwa Sodbrennen, Völlegefühl, Bauchkrämpfe, Blähungen bis hin zu täglichen Durchfällen. Die meisten basieren auf einer falschen Ernährungsweise, die auf kohlenhydratreiche Kost (viel Brot/Kuchen) zurückzuführen ist.

Um den Darm positiv bei seiner Verdauungsleistung zu unterstützen, kommt es auf die richtige Wahl der Ernährung an.

Das neue Buch " LOW CARB für Berufstätige mit empfindlichem Darm" beinhaltet schnelle, einfache und alltagstaugliche Rezepte, damit die Ernährungsumstellung auf Low Carb auch im Büroalltag locker funktioniert.

Buchdaten:
LOW CARB für Berufstätige mit empfindlichem Darm
Alle Rezepte sind mit Kohlenhydratangaben in Gramm ausgewiesen!
Autoren: Jutta Schütz, Sabine Beuke - Verlag: Books on Demand
ISBN-10: 3746097517 und ISBN-13: 978-3746097510 - Kindle Edition: EUR
Sabine Beuke - https://sabinebeuke.de/
Jutta Schütz - https://www.jutta-schuetz-autorin.de/

BESTSELLER
Low-Carb
555 Rezepte/Best Of

Jutta Schütz. Sabine Beuke

Verlag: Books on Demand
Erscheinungsdatum: 24.08.2015

BOD

Bestseller

9,99 € Buch
Inkl. MwSt. / portofrei
sofort verfügbar

7,99 € E-Book
Inkl. MwSt.
sofort lieferbar als Download

BESTSELLER
Low Carb
Für Berufstätige, für unterwegs oder für ein Picknick

Jutta Schütz

Verlag: Books on Demand
Erscheinungsdatum: 10.05.2013

3,90 € Buch
Inkl. MwSt. / portofrei
sofort verfügbar

2,99 € E-Book
Inkl. MwSt.
sofort lieferbar als Download

BESTSELLER
LOW CARB - Zum Feierabend
Fortsetzung von Low Carb: Für Berufstätige

Jutta Schütz

Verlag: Books on Demand
Erscheinungsdatum: 20.01.2015

3,99 € Buch
Inkl. MwSt. / portofrei
sofort verfügbar

2,49 € E-Book
Inkl. MwSt.
sofort lieferbar als Download

www.bod.de/buchshop/low-carb-jutta-schuetz-9783738636772
https://sabinebeuke.de
https://www.jutta-schuetz-autorin.de

Mit den Low Carb Büchern von den Autorinnen "Sabine Beuke und Jutta Schütz" werden Sie schnell diese Ernährungsform beherrschen und alles Wissenswerte zu dieser Diät verstehen.

Die Autorinnen "Beuke und Schütz" vermitteln Motivation pur und räumen mit alten Vorurteilen auf. Anhand von vielen wissenschaftlichen Berichten von Ernährungsforschern nehmen sie die Angst vor einer kohlenhydratarmen Ernährung. Wer ihre Bücher kennt, stellt schnell fest, dass es auch viele Rezepte gibt, und dass sich die Ernährung abwechslungsreich gestalten lässt. Wichtige Informationen, die man über die Ernährung und Verdauung sonst nirgends lernt – in ihren Büchern kommen sie äußerst anschaulich und gut verdaulich auf den Tisch.

Ihre Bücher haben sich einen festen Platz in den Bestsellerlisten und in der Presse erobert und sind auch als E-Books überall im Handel erhältlich.

Kohlenhydratangaben pro 100 g

*Achtung: Es gibt im Internet sehr viele Nährwertangaben
für Lebensmittel und leider unterscheiden sich oft die Angaben.*

Apfel geschält	12,4		Apfel getrocknet	60
Avocado 150 g	13		Aprikose getrocknet	50
Banane frisch	21,4		Banane getrocknet	66
Blütenhonig	75		Blumenkohl gekocht	1,6
Brokkoli gekocht	1,9		Dattel getrocknet	67
Ei gekocht	1,4		Emmentaler	0
Erbsen gekocht	12,6		Erdbeeren	8
Erdnüsse	7		Frischkäse	3,2
Feige getrocknet	59		Grüne Bohnen	3,5
Goldleinsamen	6		Haferflocken	56
Haselnüsse	17		Himbeeren frisch	4,8
Honig	70		Kakao (entölt)	11
Karotte	10		Kichererbsen	50
Kopfsalat	1		Leinsamen	0
Linsen gekocht	21,3		Macadamia-Nüsse	4
Mandarinen frisch	10,1		Mandeln	22
Mascarpone	4		Pilze	1
Pistazienkerne	16		Rhabarber frisch	1,4
Rosinen	67		Salatgurke	2
Sesamkörner	9		Sonnenblumenkerne	11
Sojaflocken	3		Spargel	1,6
Spinat gekocht 180 g	3		Spinat frisch	0,6
Tomaten frisch	4		Vollkornmehl	66
Walnuss	12,4		Wein, weiß, rot	2,5
Zucchini	3		Zuckermais	15,7